文学素养视域下的英语教学研究

许雪飞 ◎ 著

吉林出版集团股份有限公司

图书在版编目（CIP）数据

文学素养视域下的英语教学研究 ／ 许雪飞著． — 长春：吉林出版集团股份有限公司，2023.7
　　ISBN 978-7-5731-3986-3

　Ⅰ．①文… Ⅱ．①许… Ⅲ．①英语－教学研究 Ⅳ．①H319.3

中国国家版本馆 CIP 数据核字（2023）第 142199 号

文学素养视域下的英语教学研究
WENXUE SUYANG SHIYUXIA DE YINGYU JIAOXUE YANJIU

著　　者	许雪飞
责任编辑	曲珊珊
封面设计	林　吉
开　　本	787mm×1092mm　1/16
字　　数	221 千
印　　张	12
版　　次	2023 年 7 月第 1 版
印　　次	2024 年 1 月第 1 次印刷
出版发行	吉林出版集团股份有限公司
电　　话	总编办：010-63109269
	发行部：010-63109269
印　　刷	廊坊市广阳区九洲印刷厂

ISBN 978-7-5731-3986-3　　　　　　　　　　定价：78.00 元

版权所有　侵权必究

前　言

随着英语教学体制改革的不断深入，各教育领域都加大了对培养学生文学素养的重视程度。在素质教育的大背景下，大学英语教师在注重传授英语学科知识的同时，也要注重培养学生的综合能力，让学生的文化素养、口语能力、心理素质等多个方面的综合能力得到全面提升。为此，教师应该让学生多多接触外国的文学作品，开拓学生的生活视野，优化学生的知识结构和语言结构，潜移默化地培养学生的文化素养，促进学生的全面发展。

在新课改的大背景下，大学英语教学应该注重培养学生的文学素养，教师应该明确培养学生文学素养的重要性，通过多样化的教学方式，培养学生的文学素养，促进学生全面发展。本书主要研究的是文学素养和大学英语教学，先是对文学素养展开阐述，接着对英语教学概述、大学英语教学改革、大学英语教学理论基础与创新融合、大学英语教学模式的构建与创新以及新技术引领下的大学英语教学进行详细的分析，并对大学英语教学领域学生文学素养培养措施进行了创新型研究。对于大学英语教学领域中存在的问题，在阐述现阶段我国大学英语教学文学素养问题的基础上，针对教师文学素养提升展开了全面分析。希望能对今后相关领域的研究起到一定促进性作用。

本书在写作过程中参考和借鉴了有关专家、学者的研究成果，在此表示诚挚的感谢！由于时间及能力有限，书中难免存在疏漏与不妥之处，欢迎广大读者给予批评指正！

许雪飞

目　录

第一章　文学素养的由来 ... 1
第一节　文学的含义 ... 1
第二节　文学素养的含义 ... 4
第三节　文学素养培养的含义 ... 8
第四节　文学和文化的关系 ... 14

第二章　英语教学概述 ... 24
第一节　语言与语言学习环境 ... 24
第二节　英语教学内容、价值、重要性 ... 31
第三节　英语教学法及其相关学科 ... 44

第三章　大学英语教学改革 ... 48
第一节　大学英语教学核心要素的特征及教学模式的转变 ... 48
第二节　大学英语教学改革的方向 ... 53

第四章　大学英语教学理论基础与创新融合 ... 61
第一节　大学英语教学理论基础 ... 61
第二节　多模态与英语课堂教学的有机融合 ... 75
第三节　语料库语言与英语教学 ... 87

第五章　大学英语教学模式的构建与创新 ... 104
第一节　多维视角下的大学英语教学模式 ... 104
第二节　大学英语教学模式改革策略 ... 113
第三节　大学英语教学模式改革趋势 ... 117
第四节　课程建构与大学英语教学模式研究 ... 120
第五节　大学英语教学模式的创新 ... 135

第六章　新技术引领下的大学英语教学 ... 140
第一节　慕课与大学英语教学 ... 140
第二节　互联网与大学英语教学 ... 155

第三节　新媒体与大学英语教学 …………………………………… 160

第七章　文学素养教学模式在大学英语教学领域中应用的优势 ………… 166
第一节　文学素养教学与大学英语学科 ………………………………… 166
第二节　大学英语教师承担的历史使命 ………………………………… 168
第三节　大学英语教师传承文化的需要 ………………………………… 171

第八章　文学素养在大学英语教学中应用的解决措施 …………………… 175
第一节　文学素养和大学英语教学 ……………………………………… 175
第二节　英语文学应当得到充分的重视 ………………………………… 177
第三节　丰富文学素养教学内容 ………………………………………… 179
第四节　提升英语阅读能力 ……………………………………………… 183

参考文献 ………………………………………………………………………… 185

第一章　文学素养的由来

第一节　文学的含义

文学一词最初的含义，指的是文章和博学，依据现存的文献资料，"文学"这一个词语最早出现在孔子的《论语》当中，指的就是文章和博学，被划归到孔门四科当中"文、行、忠、信"。到后来的《魏书·郑义传》这样说道："而羲第六，文学为优。"在这里，文学指的是有一定文采的语言作品，这也是今天意义上的文学。与此同时，文学指的也是人的博学，这就是今天意义上的学时和学术，比方说哲学、历史和语言等等。从这里可以看到，文学这一词汇在中国出现，初始就凸显了"文采"含义。与此同时，文学起初应用的时候就具备了学时的含义，依据这一观点，但凡富有文采的作品和显示自身渊博学识的作品，都可以被称之为文学。

自魏晋时代开始，文学就逐渐开始将"博学"这一层含义剔除出去，专注的是用富有文采的语言将自身的情感表达出来。因此也就形成了一种比较狭窄的含义：文学指的是有文采的缘情性作品。在魏晋时代，即公元五世纪，南朝宋文帝构建"四学"，其中包含的是"儒学"、"玄学"、"史学"以及"文学"，这是一个较为重要的标志性事件："文学"自此从广义文学大家庭当中分离了除去，并将非文学形态甩开而独立得到发展，将自身的特殊性确定了下来。这种特殊性大致上和今天的"语言性艺术"含义是一样的，虽然说当时没有使用"艺术"这样的字眼，文学实际上具备语言性的艺术性质。以此为基础我们可以了解到文学的另外一层含义：文学指的是那些将表达情感作为主要内容并且具备一定文采的语言作品。

在我国古代，文学这个词语的含义并不是固定不变的，一般都和学时，甚至全部语言类作品之间有较为复杂的关系，其最初展现出来的"博学"含义并没有随着"缘情"特征而凸显出来抑或是消失，在社会文化语境和特殊需求提出的情况之下也会复活，甚至在某些情况之下会占据主导地位。

自两汉时期，文学领域中"有文采的语言作品"和"博学"双重含义就开始被分解开来，人们逐渐将"文"和"学"、"文章"和"文学"区别开来，将今天意义上的文学当成是"文学"或者"文章"，将学术著作当成是"学"或者"文学"。与之相对应，在魏晋六朝时代，人们也提出了"文"和"笔"之间的差别。到了唐宋时代之后，"文"和"学"之间的界限变得不是十分明显，"文以载道"或者"文以明道"的思想开始传播。广义上的文学观也因此颇具现代化，韩愈倡导的"文学"传播的是"道"抑或是"古道"——"愈之志在古道，又甚好其言辞。"他反对过去那种一味重视"言辞"（大致上相当于今天的"文采"）的时风流弊，强调文学传达的实际上是儒家的"古道"。"读书以为学，缵言以为文，非以夸多而斗靡也。盖学所以为道，文所以为理耳。"假如说"学"（学术）的目的是为了将儒家之道表达出来的话，那么与之相同，"文"（文学）的目的就是为了能够传达"理"——儒家之道的具体化形态。"文"和"学"就是在"道"这个基准点之上融为一体的。柳宗元更直接地强调"文以明道"——"始吾幼且少，为文章，以辞为工。及长，乃知文者以明道，是固不苟为炳炳烺烺，务采色、夸声音而以为能也。凡吾所陈，皆自谓近道，而不知道之果近乎，远乎？吾子好道而可吾文，或者其于道不远矣。"他反思自己年轻的时候片面将文辞以及文采放置在较为重要的位置上，随着年龄的增长，逐渐认识到了"文以明道"才是文学写作当中最为重要的事情。他指出："余惧世之学者溺其文采而沦于是非，不得由中庸以入尧舜之道。"他坚持认为，如果沉溺于"文采"就会阻碍通向"尧舜之道"。这样，从唐代起，文学中"言辞"及"文采"受到抑制而"明道"成为最高目标，这就为消除文学与非文学之间的分野铺平了"道"。正由于"道"的主宰作用，"文"与"学"在"道"的基点上重新消除了差异，"文章"与"博学"两义再度形成统合，从而"文学"又在新的语境中重新复活了先秦时代的原初含义。从此时起到清代，这种学术意义上的文学概念一直被沿用。清末民初学者章炳麟的观点代表了这种广义的文学观的极致。他坚持认为："文学者，以有文字著于竹帛，故谓之文；论其法式，谓之文学。"在他看来，"文学"这个词汇应当具备这些含义：但凡是以文字形式呈现在竹帛之上，就叫作"文"；而讨论"文"的规则和法律，就叫作"文学"。在这里不单单较为明确地将文章和学术含义呈现在人们的眼前，并且也将其无限的放大到了凡"著于竹帛"的所有文字形态。这也就意味着，人类创造出来的所有文字记载的语言性符号都可以叫作文学，以此为基础让文学成为包含文章和学术在内的所有文字作品的统称。但凡是用语言制作出来的作品都可以叫作文学，其中基本上包含了人类创造出来的所有语言性符号：口头语言、文字以及衍生出来的诗歌、散文以及小说等历史作品。文学既可以指富有功能的语言性作品，也就是今天的文学，也可以指传递消息的日常言谈、记载事物的史书、说理论事的学术著作等等，并不是今天狭义上的文学。这种涵盖全部的广义层面上的文学含义，和现代西方语言学以及符号学当中的"语言性符号"这一词汇含义大致相同。这样，文学这一词汇指的即是人创造出来的全部语言性符号、行为及其作品的代名词。因此，文学在广义层面泛指的是人类创造出来的所有语言性符号，其中包含今天的文学和非文学。

进入晚清之后，西方学术分类机制进入我国，在我国范围内逐渐形成了现代文学术语：文学是一种语言性艺术。这一现代含义的来源是现代西方狭义文学观念和中国古代狭义文学观念在现代社会交汇之后得到的产物。也可以这么说，西方文学观念为文学提供了现代学术分类机制，但是中国古代狭义文学观念为它设置出了传统依据。在西方美的艺术观念传入中国后，魏晋以后具备文采的缘情性文学观念就逐渐被激活了，在此基础上衍生出来一种崭新的现代性文学观念。这个汇合点在两个层面上：第一，西方的"美的艺术"中的形式美内涵和中国"文采"内涵之间的适应性比较强；第二，西方"美的艺术"中表情性内含和中国"缘情"性内涵之间是相通的。也就是说，来源于西方的形式美和表情美观念同中国固有的文采及缘情性传统观念之间实现了现代跨文化的汇通。所以，假如仅仅看到西方的影响，却将中国古代自身的狭义文学观念忽视的话，那么想要对现代文学的含义以及由来形成明确地了解，其实是一件较为困难的事情。以此为基础得到的文学的现代含义是：文学是一种语言性艺术，是在对富有文采的语言加以一定的应用的基础上去表情达意的艺术形式。

第二节 文学素养的含义

文学素养是一种内在层面上的修养,是人类在长期积累过程中得到的,在文字表达形式、写作技巧以及艺术创作等领域中的学习和涵养。文学素养是人为素养中的一分子,实际上,人们在日常生产生活中提及的"人文素养",大致上可以划分为文、史、哲三个基本方向。文,就是文学素养;史,就是史学涵养;哲,就是一个人在哲学领域中的见识和修养。在此基础上,文学素养是人文素养领域中不可或缺的构成成分,是一个人在文学领域中的底蕴和修养。

怎样才可以正确理解"使看不见的东西被看见"呢?比方说曹雪芹通过描述贾、史、薛、王四大家族的兴衰和宝黛之恋,向读者阐述了封建制度的腐朽,以及封建社会中各个阶层的人民对自由爱情的追求;罗贯中的《水浒传》中通过阐述各枭雄之间的"恶斗",让读者可以逐渐对人性的惨烈形成较为深入的认识;雨果在《巴黎圣母院》中通过描述善良美丽少女爱斯美拉达,残忍虚伪的圣母院副主教克洛德·弗罗洛以及外表丑陋、内心崇高的敲钟人卡西莫多三个主要人物的悲剧,将封建王权和教会势力对善良且无辜之人的残害呈现在人们的眼前;艾米丽·勃朗特著述的《呼啸山庄》通过将弃儿希斯克利夫对庄园小姐凯瑟琳真实的"爱慕"和"扭曲的报复"进行描述,将人性的反复无常充分的呈现在人们的眼前。但是,这些"东西"并不是所有人在读书之后就可以看见,而是需要用到一定的理解能力、感悟能力和洞察能力,也就是需要在深刻的感受之后才可以拥有看见这些东西的能力,这也是在培养文学素养的过程中需要用到的较为重要的内容。

我国学者,如朱光潜、何其芳,对文学的含义也有独到的理解。站在他们的视角上,"文学素养"是需要将读者已经认识到什么是文学或者什么是文学作品作为前提条件的。以此为基础,两人重视"读者对文学的态度"以及"阅读鉴赏能力"这两个领域中的内容。具体来说,他们认为,"文学素养"包含四个方面的内容:第一,可以明白什么才是作品;第二,了解到对文学的态度;第三,在阅读数量众多的作品的基础上形成一定的鉴赏能力;第四,在经常阅读作品的情况下对人性、人情以及人道形成一定的了解和感悟。

综上所述,可以得出的结论是,文学素养其实就是人们在长期阅读和学习文学作品这种文学实践活动的过程中,培养并发展起来的在文学领域当中的一种学识性修养和综合能力,它将具备一定的文学能力作为前提条件,将"文学感受"和"文学情趣"放置在核心位置上，与此同时也包含对作品、文学史以及文学理论等领域中的知识沉淀，最终的反应是对人的人性、人情和人道得到的直观感受。简单一点来说，文学素养主要包含四个层面的基本内容：文字能力、文学感觉、文学情趣以及文学熏陶。

"文字能力"，具体来说，就是对文字文义可以做到准确地掌握和应用，它要求相关所谓人员具备一定的语言表达能力以及对其他人话语准确的理解能力。要想得到比较准确的意思表达以及词语理解能力，一定需要对最为基本的语法知识和文字表达能力形成一定认识。一般情况下，基础语法知识都蕴含在文字处理能力当中。在我国古代，文人墨客创作文章的过程中重视的是"炼"这个字，经常会为了选择一个字而苦思冥想，从而才可以诞生"语不惊人死不休"的效果。上文中提及的这个"炼"字，培养出来的也就是一个人的文字表达能力。

可以这么说，掌握最为基本的语法知识，是提升文字表达能力的重要前提条件和基础之一。文学语言本身具备一定的多义性和暗喻性。同一种语言符号有可能包含多种类型的意境。在文学作品领域中，一个单词或者一部作品的意义不单单指它们的形式，还指它们的含义或者意味。巴金的《灯》当中"灯"这一个词语的意义，不单单指的是我国通常情况之下理解的"灯"这个物品，也有"光明、温暖以及希望"等多种内在层面上的含义，这一个字在作品中有着极为浓郁的象征性意味。所以想要对作品形成深入认识，并使自身的文学素养得到一定提升，除了要对文字文义形成较为准确的认识，也应当将个人的"文学想象力"充分地发挥出来。在这里所说的"文学想象力"，可以将其划分为读者的想象力和作者的想象力。读者的想象力，就是读者在阅读作品的过程中对作品本身蕴含的语言拓展性的理解能力，读者通过作者的语言表达，对作品的各个细节和作品本身展现出来的独特世界形成一定理解的能力。而作者的文学想象力，是指作者对作品当中蕴含着的一个个细节的展现能力以及表达能力。文学创作者的想象力应当被放在较为重要位置上，不单单是比较谁更能编制和创造，谁可以构建出一个光怪陆离的世界等等，更要具备的是作者应用个性化的语言将作品的每一个细节展现出来的文字驾驭能力。实际上，不管读者的文学想象力还是作者的文学想象力，都是在对语言进行一定的应用的基础上，将文学细节展现在人们的眼前，并完成一系列复杂创作的过程。针对这个问题来说，培养文学想象力是提升文字表达能力的过程中的有效措施。

其次是文学感觉，文学感觉即审美素养，是将文学和哲学、历史、宗教等学科区分开来的一种重要因素，文学本身具备一定的审美意义，隶属于"美"的活动范围内，文学本身具备的最为重要的社会功能就是让人们的审美需求得到满足，甚至在某些情况之下，会被称为社会的审美意识形态，这里所说的"文学的审美意识形态"属性，指的是文学的审美表现过程和意识形态彼此渗透的特性。在一个层面上，审美当中浸透了意识形态；在另外一个层面上，意识形态可以通过审美表达出来。这个相互浸染和相互渗透的过程就是"文学感觉"，就像何其芳所说的"对文学意识的敏感"，朱光潜所说的"诗的境界是用直觉见出来的"，也是龙应台所说的"让看不见的东西被看见"。因此，文学感觉是对文学语言形式的关注，也是对文学意境形象和意味的直观层面上的把握能力，是对文学作品中蕴含的生命的意味或者艺术性审美表现出来的"直观把握"或者"洞察能力和感悟能力"。

文学的美包含：形象美、社会美及朦胧美。它是人与世界的情感的沟通和交流，是具备完整性的、美的内在意蕴和在外形态上的融会贯通。在文学作品中，语言符号不可以被当成是过路时用到的大桥，而应当被当成是文学的本体。文学感觉的标志和内容，是对文学意识表现形式的直观感知，是对作品内涵的直观把握，在作品的真、善、美三个层次中，它的作用对象是"美"，而不是"真"和"善"。作为一种审美领域中的意识形态，文学最为基本的功能就是审美作用。这种审美功能的现代化表现是文学作品的艺术感染力。文学作品通过对对象进行艺术描写，构建出来完美的艺术形象，以便将作者丰富的感情和深邃的思想呈现出来，为读者构建出完美的审美感受。我国古代时期就有很多作家对这个问题形成了较为深入的认识。比方说，在《与元九书》当中，白居易就曾经提及"感人心者，莫先乎情，莫始于言，莫切乎声，莫深乎义"，即诗的作用首先在于感动人心。明代绿天馆主人在《古今小说序》中提出了小说的作用其实是"捷且深"，这就是小说的艺术感染力引发审美活动的结果，也是荀子在《乐论》当中所说的"夫声乐之入人也深，其化人也速"。梁启超在谈论小说为什么可以产生各种类型的作用时，指出小说具备熏、浸、刺、提四种力量，其实介绍的就是小说的艺术感染力；西方学者，比方说马克思，曾经提到"艺术对象创造出懂得艺术并且能够欣赏美的大众"[①]，"假如说你想要得到艺术的享受，那么本身一定需要是一个具备艺术修养的人"，明确地指出文学艺术可以培养人们的审美能力，并给予一定的艺术享受。文学的审美功能是其他意识形态不具备的。

---

① 杨柄编. 马克思 恩格斯 论文艺和美学 上 [M]. 北京：文化艺术出版社，1982.

再次就是"文学情趣"。情趣，这个词语的含义是"性趣智取、情调趣味"，也就是人们日常生活中经常提及的"趣味"，它的含义是"让人愉快、让人感觉到比较有意思，有吸引力的特征"。"文学情趣"指的是对文学作品的爱好，这是一种极为强烈的阅读兴趣和阅读渴望，在阅读的过程中表现出的是高度的专注力和痴迷性，甚至在某些情况之下呈现出一种手不释卷的态势。彼得·威德森曾经说过一段非常有意思的话："文学提供愉悦：人们仅仅是喜欢读它而已。从中可以列举出来无数的理由：失眠、好奇心以及打发时间等等，指导发生的事情、欣赏文辞本身的优美，逐步进入到未曾预见到的经验领域中去，猜测书中遇到的任务和自身的相似之处。或者也可能根本没有任何可以列举的理由：单单是喜欢而已。"有理由认为，文学工作者会承认在所有科学、理论以及文学研究实践之后，一个偶然的"喜欢"是非理性前提条件之一。

这种对文学的喜好，仅仅就是一种喜欢而已，并不会关乎什么利益。这种十分强烈的爱好肯定不会是凭空出现在人们的眼前，是因为读者可以在阅读的过程中感受到较为强烈的审美愉悦感。众所周知，在优秀的文学作品中，读者在阅读的过程中是会在心理层面产生一种愉悦的感受，也可以得到"你在这里并不是被打动了，而是经历了一种镇静、威慑以及快感"。文学情趣除了是文学素养领域中的重要内容，也是文学素养不断得到发展的原动力。只有一个热爱文学的人，才会耗费众多时间、精力和专注力来完成文学作品创作，并在这个过程中感受到一定的乐趣，在潜移默化中，不断地让自身的文学素养水平提升。从另一层面上分析，"文学情趣"其实也是一个人对文学艺术价值水平高低的判断力、鉴别力，经常会表现为一个人对某种文学体裁以及风格的爱好。

最后，文学素养可以表现为人之为人的人性、人情、人道的感受和感悟，文学意识的创造其实是文学艺术家的精神活动，作者本身可以在自由的心境中，充分地将艺术想象力发挥出来，并构建出虚构的艺术世界，将自己对人生和世界的理解和憧憬表达出来，逐步找寻可以寄托心灵的精神家园。优秀的文学作品，一般可以让真正懂得文学艺术的读者在阅读的过程中产生一定精神层面上的共鸣，促使读者思考，潜移默化地将真善美等思想传输给读者。小说《钢铁是怎样炼成的》中的主人公保尔·柯察金不畏艰苦、勇往直前等大无畏精神，激励一代又一代的有志青年去实现自己的理想。老舍先生创作的《骆驼祥子》，通过记述一个洋车夫的艰苦历程，描绘出旧社会是怎样将一个自食其力的好青年由表及里的摧毁的过程。文章痛斥压迫人民的无德之人，并将黑暗的旧社会对淳朴善良的劳动者造成的剥削和压迫呈现在人们的眼前，声泪俱下的控诉了旧社会是怎样将一个人变成鬼的过程，从而也就可以激发我国社会各个领域中的相关人士对劳动人民的深切关怀，将麻木的国人推翻旧社会的意识激发出来。中国台湾省法律人陈长文和罗智强联合编纂的《法律人，你为什么不争气》自从在中国大陆出版后，在法律领域中引起了很大反响，也引起了读者的反思，民主宪政并不是万能的，法律人在失去了应有的伦理道德的约束后，就会演变为极其不堪的原生态动物，显得十分贪婪。在提升文学素养的基础上，可以使我国社会各领域中的相关人士逐渐对人道、人性等领域中的问题形成更为深入的认识，从而也就可以让我国人民对各种类型事件的认识水平得到一定的提升。

第三节 文学素养培养的含义

近年来，围绕着培养高素质复合型国际化外语专业人才的目标，教学领域中的研究人员在大纲修订、课程设置以及教材编写等领域开展了深入研究。会对人才培养水平造成影响的因素中，最不可以忽视的即是教师的专业素养，正如吕叔湘先生所说，教师素质的提升才是关键性问题。英语专业教师是学科建设工作中的主力军，教师在实际工作的过程中扮演的角色不单单是语言知识及技能的传播者，也是文化的传播人员，其本身的知识结构以及文学素养是深化教学改革用到的重要措施之一。英语专业教师应当可以满足我国时代发展进程向前推进过程中提出的客观要求，逐步对工具性和人文性相结合的教学模式形成深入的认识，致力于提升自身的文学素养水平，逐渐将语言的文学性和审美性到融入到教学领域中去，从而才可以让学生个性化和多样化的知识需求得到满足，更好地为素质教育服务。

一、提升英语专业教师文学索养的重要性分析

文学是语言领域中的一项艺术，一个民族的文学代表着的是这个民族语言的精髓；语言反过来就是文学的媒介，语言的实用性和审美性在文学作品中巧妙地融合在一起；语言和文学就是一对孪生姐妹，相互影响，相互促进，假如说将文学剥离出来再去学习语言的话，就好像是无本之木，无源之水一样，孔子提及的"言之无文，行而不远"指的其实就

是这个道理，伍铁平先生曾经提到过："在传统的伙伴当中，和语言之间的关系最为密切的就是文学，文学是语言的艺术，文学作品需要使用语言创作出来，通过语言对文学作品进行检定和评论的过程中也会涉及它的语言，因此针对一个民族的文学进行研究的过程中，一定需要这个民族的语言形成较为深入的认识。反而言之，一种语言最为精彩和丰富的作用也在文学作品当中有所体现。文学是语言使用当中的典范，在语言学习的过程中提供了最好的榜样，也可以在语言研究工作进行的过程中提供信息支持。"① 所以，在培养语言能力的英语教材当中，文学性应当是各种类型的教学材料应当具备的普遍属性之一，不管是针对其中的文学性语言，还是语言当中普遍蕴含着的文学性来说，文学在英语教学领域中其实都是没法规避的问题，作为英语专业教师，当对词汇、语法和句子等内容进行简述时，应当有意识的指导学生对教学材料中蕴含的文学性形成一定了解，也应当在作品较为真实的语境中构建各种类型和主题有一定相互关系的教学情境和语言交际活动，逐渐对作者表达出来的主题思想以及写作意图形成较为深入的认识，站在整体的层面上对作者的叙事手法进行分析，感悟每一篇文章中遣词用句以及修辞模式的特征，引导学生逐渐在不知不觉的情况下提升自身的词汇量，并逐渐对英语领域中常用的表达方式形成一定了解，让学生的语感能力得到一定的提升，逐步培养学生对英美文化的认识，在正规语境下正确地将自身想法表达出来，让学生的语言水平以及跨文化交际能力得到提升。

除可以在语言学习中起到促进性作用之外，文学也可以在人文素质教育目标实现的过程中发挥一定促进性作用。高尔基曾经提到"文学是人学"，是通过描写一个人，来对人进行影响，并对人进行教育。教师应当让文学的育人功能得到充分应用，使用资料中的对话和交流，逐步引导学生在融合自身生活体验和人生感悟的基础上对文本形成更为深入的认识，以便于在学生的心理和文中人物形象之间构建一座情感桥梁，一起去和主人公体会喜怒哀乐，利用文学的养分让学生的文化素养、人生阅历以及精神内涵变得更加充实。就好像是吉莉安·拉扎尔（Gillian Lazar）所说的一样"文学作品可以将读者的情感反应激发出来，以便于可以让读者对作品的伦理和道德主题形成感性和理性的认识，从而也就会对学生的道德发展造成一定的影响。"② 除此之外，文学与生俱来的美学价值和愉悦功能可以为枯燥的学习过程带来一定的生机和乐趣，将学生自主学习的热情激发出来，发挥"润物细无声"的作用。

---

① 伍铁平著.语言与思维关系新探[M].上海：上海教育出版社，1986.
② 周海华.量与质的博弈——谈运营商3G有效发展策略[J].信息网络，2010（9）：17-21

文学在学生语言学习以及素质培养的过程中可以发挥促进作用，文学的这种作用得到了教育界较为广泛的认可，在英语教学中体现出的文学性也对教师的文学素养提出了更高的要求。文学素养指的是一个人在文学创造、交流以及传播等行为领域中的实际水平，它的培养和提升也是文学知识的积累和审美情趣的提升过程，具备一定的渗透性、感染性和多元性。在英语课堂中，精准简练的语言艺术是教师文学素养的外在表现，也是取得良好教学效果的前提条件之一。学生对于一门课程的学习兴趣以教师的语言引导为出发点，一个可以旁征博引并用语言艺术感染学生的教师可以将学生的求知欲望培养出来；而一个不达意的教师要在课堂上得到学生的尊敬和信任是一件较为困难的事情，从而也就会对学生的学习积极性造成一定的影响。教师本身的文学素养水平影响了课堂教学效果，也将对学科整体人才培养质量产生影响。正如方智范先生提及的一样："我认为学生使用语言文字这种工具，最好的学习过程是在人文精神熏陶的过程中进行。文学素养在人文素养领域中占据核心地位。二十一世纪需要使用到崭新的人才观，需要站在人才全面发展、终身发展的角度上考虑相关的问题，文学素养是一个全面发展的现代人必备的素质之一。"[①]以往的一段时间当中，英语课堂教学工作一般是将词汇语法和句式结构作为中心开展的，采用机械化的教学措施来培养学生的英语交际能力，从整体层面上分析，呈现出重视讲授、轻视引导的态势，重视技能，将人文放在一个不是十分重要的地位之上。学习完一堂课，学生仅仅停留在"只见树木，不见森林"层面上，因此，也就难以对课文内容形成较为深入的认识，也难以对作品的主题和人物形象以及艺术技巧等知识形成较为深入的了解。在这种教学模式的影响下，会让学生在使用"工具语言"英语的过程中显得得心应手，但是在涉及文学、政治以及历史等内容的时候，就会面临无话可说的局面，并呈现出典型的"文化贫血"态势。胡壮麟先生对这种现象十分不满："英语专业的专业性并应当是模糊的，一个完整的英语专业培养计划不应当转变为语言技能培养。"[②]从本质层面上进行分析，在以往一段时间当中，我国高校英语教学当中存在的问题有，英语专业教师文学素养水平较为低下，没有办法在人文素质教育中扮演启发者、引导者和阐述者的角色。张祥云先生曾经提到："人文精神本质上是一种智慧，智慧也就是创造……作为教育者只有拥有人文智慧

---

① 中国当代教育教研成果概览编撰委员会. 中国当代教育教研成果概览[M]. 北京：新华出版社，1996.
② 胡壮麟，朱永生，张德录. 系统功能语法概论[M]. 长沙：湖南教育出版社，1989.

才可以去启迪教育对象，只有智慧才可以在启迪智慧的过程中发挥一定的作用。"[①]假如教师本身的心灵世界就十分荒芜的话，那么想要让学生的心灵成为绿洲也不是一件现实的事情。因此，要在各个高校实际培养出具备专业素质和人文精神的复合型英语人才，首先应当构建一支知识结构合理并具备较高文学素养的教师队伍。

二、提升高校英语教师文学素养的措施

树立终身学习观念。依据现阶段我国实际教育情况，某些教师在走上了工作岗位之后，就丧失了鉴赏文学作品、关心文学发展的热情和探寻未知领域的动力，仅依靠毕业之前积累下的文学知识和理论去教授学生，缺乏应有的学科意识以及职业使命感。在这种故步自封和僵化的教学理念的影响下，让英语教学这个本应当具备人文气息和思想碰撞的教学模式转变为了机械的知识灌输机制；也有一些教师在课堂教学的过程中会对自己喜爱的作家和作品做详尽的阐述，但是对自身不熟悉的文学作品内容却呈现出蜻蜓点水和一笔带过的态势。这种由教师喜好决定的教学模式会对学生日后的全面发展造成不利影响。

高校英语教师在扮演教育者的角色的同时，也应当是学习者。教师的专业发展历程包括初期的教师培训、师资教育、师资发展，在这个阶段中，教师综合素质的地位变得越发重要，因此高校英语教师在实际工作中应当培养终身学习理念。弗里曼（Freeman）认为，外语教师的专业发展包含两个方面：第一是教师个人在专业教学生涯中经历的心理成长过程，主要包括专业信息和态度价值观的增强；学科知识在广博和专业上应当有所更新；教学技能水平应当得到一定提升，为了可以将教学不确定性消弭掉，教学策略意识水平应当得到一定的提升，人际交往力度以及和同时之间的关系应当逐渐完善起来；第二是在职教师接受外在的教育或者培训，对语言教师来说，首先应当具备一定的发展意识，积极开放的态度，终身学习的理念。要在自主发展意识的引导下主动完善自身的知识结构，教师在实际工作的过程中应具备驾驭英语汉语两种语言的能力，也应当具备良好的文学素养和文化知识，这既是在提出学科发展的要求，也是获得自我认同感和价值感的源泉。

将文学作品的熏陶放置在一个较为重要的地位之上。文学作品是人类社会发展的过程中积累下来的宝贵财富，其中蕴含着较为丰富的人文思想，也渗透着对生命价值、生活意

[①] 张祥云著.大学教育 回归人文之蕴[M].广州：中山大学出版社，2004.

义以及爱憎善恶的深刻思考,是人类灵魂世界的教科书。作为一名教师,在实际学习生活中,应当养成勤奋阅读文学作品的习惯,利用书卷知识的影响提升自身的文学素养水平。"问渠那得清如许,为有源头活水来",假如说难以得到文学的滋养的话,那么思想就会陷入到枯竭,见识也会变得越发浅薄,在进行课堂教学的过程中想要使用幽默风趣的语言,自然也就会显得较为困难。阅读实际上是一个厚积薄发的过程,在经历过数量众多书籍的饕餮洗礼之后,才可以构建出极为丰富的精神世界,逐步拥有宽广的胸怀和较为开阔的视野,就像古人所说的"腹有诗书气自华",这种教师本身具备的较为特殊的个人魅力和才情会对学生形成强大的感召力,并将学生的阅读兴趣有效的激发出来。苏联霍姆林斯基(Sukhomlinski)在《给教师的建议》这一本书中指出:"应当将每一个学生引入书籍的世界当中去,并培养出来读书兴趣,让书籍逐渐演变为智力生活领域中指路的明灯,这和教师之间的相互关系较为密切,也取决于书籍在教师本人的精神世界中占据怎样的地位。"[①] 只有热爱读书的教师,才会对读书过程中的精神感受形成更为深入的了解,才可以为学生分享更为实用、感召能力更强的文学知识,为学生推荐更多的文学精神食粮,逐步引导他们从文学快餐误区中走出来。在阅读经典作品的过程中,可以让学生对人性美、语言美和艺术美形成更为深入的认识,从而也就可以发挥一定的陶冶情操和净化灵魂的作用,在领悟到的美的基础上去探寻美并创造美。除此之外,阅读实践的积累,可以有效提升教师的审美情趣和文学欣赏水平,并逐渐将文学研究和评论的意识培养出来,还可以让他们对教学材料形成更为深入的了解,也可以使教师对教学材料做出独到的解读,因此,也就可以让以往我国高校英语教学领域中存在的同质化问题得到有效的解决。将书籍作为媒介,教师应用批判的眼光和智慧引导学生进入到文学世界当中,主动地去和作者对话、去质疑作者,甚至在某些情况之下也可以对作者做出否定,在这个过程中,不同层次的学生都可以得到一定的提升,也可以让学生的思辨能力变得更强。

只有阅读数量众多的书籍,教师才可以借助"人类进步的阶梯"站到更高的位置上,用自身较为雄厚的文学积淀为学生指点迷津,从而也就可以让学生对文学世界中的风光形成更为深入的了解。

[①] (苏)B.A.苏霍姆林斯基.给教师的建议[M].周蕖,王义高,刘启娴,董友,张德广译;申强校.武汉:长江文艺出版社,2014.

需要得到社会和学校方面的支持。怎样才可以让高校英语专业教师文学素养得到有效提升？这不单单是高校英语教师应当考虑到的问题，也是我国社会、教育部门以及校方应当注意的问题。相关调查结果显示，教学任务过于繁重是影响英语专业教师文学素养提升的重要因素之一。在我国各高校不断扩招的情况下，师生比呈现出严重超标的态势，很多高校英语教师需要超负荷工作，有些学校英语专业教师一周的工作时间甚至超过16个课时，迫于工作的沉重压力，高校英语教师只有将大量时间和精力放在教学管理中，在这种情况之下，想要找出更多时间读书，自然是一件较为困难的事情，教师也没有更多的时间和精力参与到科研领域中，从而也就会对自身的职称评定造成一定的影响。要转变这种局面，就需要学校和社会秉承对教师负责，对教育负责的态度，在教师个人发展方面提供一定高的支持。

对学校来说，在实际运营的过程中应当将整体性规划工作妥善的完成，在可以对各项教学活动顺利开展做出保证的前提条件之下，最大限度降低教师承受的工作压力，为提升教师文学素养构建一个宽松的环境。我国各个高校应当呈现出对高品味的追求，适当和城市的喧嚣保持一定距离，将功利和浮躁气息洗脱掉，逐步回归到素质培养的本质中去。所以，学校应当将校园文化建设放在一个较为重要的地位，逐步构建文学社团或者文学沙龙，倡导教师和学生开展文学讨论和交流活动，逐步构建校园文学气息；构建一种健康和谐的人文氛围。除此之外，学校本身和外界的联系和合作力度应当得到一定的提升，实行"引进来"和"走出去"策略，一方面在校内开设文学讲座，定期邀请知名人士来学院讲座，让教师对教学领域大师的文学修养和风范形成一定的了解，并对文学欣赏和研究心得进行分享，也可以对学术前沿信息形成一定的了解；此外应当组织教师参与到学术会议或者进入高级的国内外院校中学习深造，以促进知识结构优化调整，逐步提升教师的理论和科研能力；如果高校本身的经费和人力资源较为有限，可以施行学校资助和教师自费相互结合的模式，组织英语教师在寒暑假期奔赴国外参加文学主题短期游学活动，充分让教师感受异国的历史文化和语言习俗，让教师对英美国家作家的作品形成更为深入的了解，让教师对英美语言形成更为深入的了解，并逐步提升教师的跨文化交际水平。对社会层面来说，各级教育主管部门应当出台相关的文件和法规，为教师的进修和职业培训提供政策和资金层面上的保障，也可在各个知名院校中构建教师培训基地，长期循环开展提升教师专业素质和文学素养的培训活动，逐渐让教师的培训和进修成为一种惯例，以满足我国高校英语教师的能力发展需求。

素质教育的质量和教师的教育素质之间有较为密切的关系，只有构建满足时代要求和具备一定文学素养的教师队伍，才可以让英语教学中的"工具性"和"人文性"有机地融合在一起，才可以在高校中培养出更多复合型外语专业人才，展现英语作为人文学科的优势。教师的文学素养是教学知识结构中十分重要的构成成分，也在人文素质领域中占据较为重要的地位，它的发展和构建都是一个长期的动态流程，教师在学习生活当中应当逐步构建终身学习观念，将文学作品的熏陶放在较为重要的地位，并应用学校和社会的帮助，让教师文学素养水平有效地提升。

第四节　文学和文化的关系

一、文学和文化的关系

广义的"文化"，着眼于人类与一般动物、人类社会与自然界的本质区别，着眼于人类卓立于自然的独特的生存方式，其涵盖面广泛，所以又称作"大文化"。梁启超在《什么是文化》中称，"文化者，人类心能所开释出来之有价值的共业也"，这"共业"包含众多领域，诸如认识的（语言、哲学、科学、教育）、规范的（道德、法律、信仰）、艺术的（文学、美术、音乐、舞蹈、戏剧）、器用的（生产工具、日用器皿以及制造它们的技术）、社会的（制度、组织、风俗习惯）等等。广义的"文化"从人之所以为人的意义上立论，认为正是文化的出现"将动物的人变为创造的人、组织的人、思想的人、说话的人以及计划的人"，因而将人类社会历史生活的全部内容统统摄人"文化"的定义域。一般来说，文化哲学、文化人类学等学科的研究工作者多持此类文化界说。

与广义"文化"相对的，是狭义的"文化"。狭义的"文化"排除人类社会历史生活中关于物质创造活动及其结果的部分，专注于精神创造活动及其结果，所以又被称作"小文化"。

文学是语言文字的艺术（文学是由语言文字组构而成的，开拓无言之境），往往是文化的重要表现形式，以不同的形式（称作体裁）表现内心和再现一定时期，一定地域的社会生活。由于出版和教育的进步以及社会的全面发展，文学已经失去其垄断地位成为大众文化的一支，产生了所谓的严肃文学和通俗文学或大众文学之分。

文学是以语言为手段塑造形象来反映社会生活、表达作者思想感情的一种艺术。起源于人类的生产劳动。最早出现的是口头文学，一般是与音乐联结为可以演唱的抒情诗歌。最早形成书面文学的有中国的《诗经》、印度的《罗摩衍那》和古希腊的《伊利昂纪》等。欧洲传统文学理论分类法将文学分为诗、散文、戏剧三大类。中国先秦时期将以文字写成的作品都统称为文学，魏晋以后才逐渐将文学作品单独列出。现代通常将文学分为诗歌、小说、散文、戏剧四大类别。

笼统地说，文化是一种社会现象，是人们长期创造形成的产物。同时又是一种历史现象，是社会历史的积淀物。确切地说，文化是指一个国家或民族的历史、地理、风土人情、传统习俗、生活方式、文学艺术、行为规范、思维方式、价值观念等。

关于文化的分类，H.H.Stern 根据文化的结构和范畴把文化分为广义和狭义两种概念。广义的文化即大写的文化（Culture with a big C），狭义的文化即小写的文化（culture with a small c）。广义地说，文化指的是人类在社会历史发展过程中所创造的物质和精神财富的总和。它包括物质文化、制度文化和心理文化三个方面。物质文化是指人类创造的种种物质文明，包括交通工具、服饰、日常用品等，是一种可见的显性文化；制度文化和心理文化分别指生活制度、家庭制度、社会制度以及思维方式、宗教信仰、审美情趣，它们属于不可见的隐性文化，包括文学、哲学、政治等方面内容。狭义的文化是指人们普遍的社会习惯，如衣食住行、风俗习惯、生活方式、行为规范等。

哈默利（Hammerly）把文化分为信息文化、行为文化和成就文化。信息文化指一般受教育者所掌握的关于社会、地理、历史等知识；行为文化指人的生活方式、实际行为、态度、价值等，它是成功交际最重要的因素；成就文化是指艺术和文学成就，它是传统的文化概念。

文化的内部结构包括下列几个层次：物态文化、制度文化、行为文化、心态文化。

物态文化层是人类的物质生产活动方式和产品的总和，是可触知的具有物质实体的文化事物。

制度文化层是人类在社会实践中组建的各种社会行为规范。

行为文化层是人际交往中约定俗成的以礼俗、民俗、风俗等形态表现出来的行为模式。

心态文化是人类在社会意识活动中孕育出来的价值观念、审美情趣、思维方式等主观因素，相当于通常所说的精神文化、社会意识等概念。这是文化的核心。

有些人类学家将文化分为三个层次：高级文化（high culture），包括哲学、文学、艺术、宗教等；大众文化（popular culture），指习俗、仪式以及包括衣食住行、人际关系各方面的生活方式；深层文化（deep culture），主要指价值观的美丑定义，时间取向、生活节奏、解决问题的方式以及与性别、阶层、职业、亲属关系相关的个人角色。高级文化和大众文化均植根于深层文化，而深层文化的某一概念又以一种习俗或生活方式反映在大众文化中，以一种艺术形式或文学主题反映在高级文化中。

文化是一个非常广泛的概念，给它下一个严格和精确的定义是一件非常困难的事情。自20世纪初以来，不少哲学家、社会学家、人类学家、历史学家和语言学家一直努力，试图从各自学科的角度来界定文化的概念。然而，迄今为止仍没有获得一个公认的、令人满意的定义。据统计，有关"文化"的各种不同的定义至少有二百多种。人们对"文化"一词的理解差异之大，足以说明界定"文化"概念的难度。

二、文化的构成及社会化

（一）文化的构成

文化的要素主要有三个：符号，定义和价值观，是用于解释现实，确定好与坏、正确与错误的标准；包括语言和符号；规范准则是对在一个特定的社会中人们应该怎样思想，感觉和行动做出的解释，包括习俗，道德，宗教和法律；物质文化是实际的和艺术的人造物体，它反映了非物质文化的意义，包括：机器，工具，衣服，房屋等等。

（二）文化的演化

文化作为一种社会精神力量，能深刻影响人类社会的发展。文化使人的适应过程加快了许多。例：当一种猎物灭绝后，猎手猎另一种动物的战术又会产生；文化促进了人体生物进化。例：人脑越来越发达，人手越来越灵活；文化本身成为人类环境中的一种力量，文化自身也处于动态进化过程中；在游牧——定居——小城镇——城市——国家——全球化经济这一发展历史中，文化贯穿其中。

中国传统文化基本精神诸说。中国传统文化的基本精神，从实质上看，就是中华民族的民族精神。关于中国传统文化的基本精神，论者有诸多看法。有的学者认为，中国传统文化长期发展的思想基础，可以叫作中国传统文化的基本精神，文化的基本精神是文化发展过程中的精微的内在动力，即是指导民族文化不断前进的基本思想。中国传统文化的基本精神就是中华民族在精神形态上的基本特点。因此，刚健有为，和与中，崇德利用，天人协调。"这些就是中国传统文化的基本精神之所在。"① 中国的民族精神基本凝结于《周易大传》的两句名言之中，这就是："天行健，君子以自强不息"。"地势坤，君子以厚德载物"。"'自强不息，厚德载物'是中国传统文化的基本精神"。"中庸"观念虽然在过去广泛流传，但是实际上不能起推动文化发展的作用。所以，"不能把'中庸'当成中国传统文化的基本精神"。② 中国传统文化的基本精神还表现为以德育代替宗教的优良传统。③ 有的学者认为，"中国传统文化之根本精神为融和与自由"。④ 有的学者认为，以自给自足的自然经济为基础的、以家族为本位的、以血缘关系为纽带的宗法等级伦理纲常，是贯穿于中国古代的社会生产活动和生产力、社会生产关系、社会制度、社会心理和社会意识形式这五个层面的主要线索、本质和核心，"这就是中国古代传统文化的基本精神。"⑤ 有的学者认为，中国的民族精神大致上可以概括为四个相互联系的方面：一是理性精神。集中表现为：具有悠久的无神论传统，充分肯定人与自然的统一和个体与社会的统一，主张个体的感情、欲望的满足与社会的理性要求相一致。总的来看，否定对超自然的上帝、救世主的宗教崇拜和彼岸世界的存在，强烈主张人与自然、个体与社会的和谐统一，反对两者的分裂对抗，这就是中国民族的理性精神的根本。二是自由精神。这首先表现为人民反抗剥削阶级统治的精神。同时，在反对外来民族压迫的斗争中，统治阶级中某些阶层、集团和人物，也积极参加这种斗争。说明在中国统治阶级思想文化传统中，同样有着"酷爱自由"的积极方面。三是求实精神。先秦儒家主张"知之为知之，不知为不知"，知人论世，反对生而知之；法家反对"前识"，注重"参验"，强调实行，推崇事功；道家主张"知人"、"自知"、"析万物之理"。这些都是求实精神的表现。四是应变精神⑥。有的学者认为，中国传统文化的基本精神可以概括为"尊祖宗、重人伦、崇道德、尚礼仪"。⑦ 此外，中国传统文化还具

---

① 张岱年.中国文化的基本精神 [J].书摘，2015（8）：4-5.
② 张岱年.文化传统与民族精神 [J].学术月刊，1986（12）：1-3.
③ 张岱年.中国文化的基本精神 [J].书摘，2015（8）：4-5.
④ 丁守和，方行.中国文化研究集刊 第1辑 [M].上海：复旦大学出版社，1984.
⑤ 张立文等.传统文化与现代化 [M].北京：中国人民大学出版社，1987.08.
⑥ 刘纲纪.略论中国民族精神 [J].武汉大学学报(人文科学版),1985(1)：36-41.
⑦ 司马云杰著.文化社会学 [M].太原：山西教育出版社，2007.

有发展的观点、自强不息和好学不倦的精神。[①] 有的学者认为，中国传统文化的精神是人文主义。这种人文主义表现为：不把人从人际关系中孤立出来，也不把人同自然对立起来；不追求纯自然的知识体系；在价值论上是反功利主义的；致意于做人。中国传统文化的人文精神，给我们民族和国家增添了光辉，也设置了障碍；它向世界传播了智慧之光，也造成了中外沟通的种种隔膜；它是一笔巨大的精神财富，也是一个不小的文化包袱。[②]

文化是指人类所创造的精神财富，如文学、艺术、教育、科学等。在考古学上则指同一历史时期的遗迹、遗物的综合体。同样的工具、用具、制造技术等是同一种文化的特征。有时文化也指文明。

虽然早在原始社会时期，人类就已经形成第一次分工，产生了农业民族和畜牧民族，但早期文化都是在农业民族中产生的，因为畜牧民族要逐水草而居，居无定所，不容易产生大规模的聚居，对文字没有迫切的需要；而农业民族容易形成大部落，兴修水利需要大量协同工作的人群，所以最早的大国家和奴隶制都产生于农业民族。有了大国家和奴隶制才能产生大批聚集的有闲阶级，他们发明了文字，促使形成脑力劳动和体力劳动的人类第二次分工。从而产生狭义的文化（广义的文化指所有人类的活动，都可以叫作文化）。

三、文化的一些观点

不同的学科对文化有着不同的理解。

从哲学角度解释文化。文化从本质上讲是哲学思想的表现形式。哲学的时代性和地域性决定了文化的不同风格。一般来说，哲学思想的变革引起社会制度的变化，与之伴随的是对旧文化的镇压和新文化的兴起。

从存在主义的角度，文化是对一个人或一群人的存在方式的描述。人们存在于自然中，同时也存在于历史和时代中；时间是一个人或一群人存在于自然中的重要平台；社会、国家和民族（家族）是一个人或一群人存在于历史和时代中的另一个重要平台；文化是指人们在这种存在过程中的言说或表述方式、交往或行为方式、意识或认知方式。文化不仅用于描述一群人的外在行为，文化特别包括作为个体的人的自我的心灵意识和感知方式，一个人在回到自己内心世界的时的一种自我的对话、观察的方式。

文化的核心是其符号系统，如文字。各文字体系有相应的认知心理。

---

① 丁守和. 中国传统文化试论 [J]. 求索, 1987(4)：77-87.
② 庞朴. 中国文化的人文精神 [N]. 光明日报，2000-02-08.

四、文化的特点

通过对不同文化的比较研究，才能了解文化的特点。

首先文化是共有的，它是一系列共有的概念、价值观和行为准则，它是使个人行为能力为集体所接受的共同标准。文化与社会是密切相关的，没有社会就不会有文化，但是也存在没有文化的社会。在同一社会内部，文化也具有不一致性。例如，在任何社会中，男性的文化和女性的文化就有不同。此外，不同的年龄、职业、阶级等之间也存在着亚文化的差异。

文化是学习得来的，而不是通过遗传而天生具有的。生理的满足方式是由文化决定的，每种文化决定这些需求如何得到满足。从这一角度看，非人的灵长目动物也有各种文化行为的能力，但是这些文化行为只是单向的文化表现如动物吃白蚁的方式警戒的呼喊声等。这和人类社会中庞大复杂的文化象征体系相比较仅显得有些微不足道。

文化的基础是象征。这些其中最重要的是语言和文字，但也包含其他表现方式如图像（如图腾旗帜）肢体动作（如握手吐舌）行为解读（送礼）等我们几乎可以说整个文化体系是透过庞大无比的象征体系深植在人类的思维之中而人们也透过这套象征符号体系理解解读呈现在眼前的中种种事物。因此如何解读各种象征在该文化的实质意义便成为人类学和语言学等社会学科检释人类心智的重要方式之一。

文学是文化的丰富载体，也是传播文化的有力传媒。同时，文化又是培育文学的丰腴精神土壤。两者存在相生互动的生态关系。文化在历史上从来是文学生长的精神土壤，制约着作家的精神状态。一个国家和民族的文化水平的高下，还往往决定文学发展水平的高下。文化的繁荣也一定会促进文学的繁荣。而文学作为文化的重要部分和传播文化的有力载体，文学的繁荣也会有利于文化的繁荣，反之，文学的颓败则可能助长文化的颓败。可见，文学与文化彼此存在深层的相生互动的关系。

五、文学与文化的双向互动

在文化的各种构成中，制约人们精神状态的政法、道德、宗教、哲学等文化，特别是构成文化核心部分的世界观、人生观、价值观，与文学关系尤为重要和密切。文学既广泛反映文化的内容，同时，作家因自己赞同或反对某种文化，文学作品反过来也能在不同程度上影响文化的发展。

我国古代统治者认为巩固统治秩序的四大支柱是"礼乐刑政"。"礼"指的是道德伦理。"乐"指的是文学艺术。"刑"与"政"指的就是政治法制方面的行为与文化。如果说国家是阶级统治的工具，那么一定社会的政治法制和伦理道德就是保障统治阶级利益的最有权威性的行为与精神规范。它们与文学虽有区别，却往往是文学表现的重要内容，而文学也往往通过自己的传播，宣扬或反对一定的政法文化与道德文化。

政法文化和道德伦理自然都是人类社会发展过程中逐步形成的，并且渗透于人与人彼此关系的系列行为中。文学要描写人，自然不能不在一定程度上反映人的道德伦理规范和处于一定政法制度、思想中的生存状态，文学艺术的审美判断和审美创造，往往都体现着真、善、美的统一。善，就包含政法与道德判断。文学作品由于通过艺术形象感染和熏陶读者，使读者于审美感受中不知不觉地受到思想的教育，包括受到政法和道德伦理的教育。文学艺术的一个伟大的历史作用，就在于使人们的精神世界得到丰富和升华，其中也包括使人们获得伦理道德方面的不断进步。历代优秀的杰出的作家通过自己的作品在这方面做出不同程度的贡献。而某些道德沦丧的作家，他们的作品自然也就起着这方面的副作用。进步的作家总站在时代潮流的前头，宣扬适合于社会经济基础变革的进步的伦理道德，从而使自己的作品有益于世道人心，有益于社会历史的前进。今天我国作家更要通过自己作品所塑造的艺术形象，大力宣扬社会主义的道德伦理，宣扬爱国主义和集体主义，为建设社会主义精神文明做出积极的贡献。

宗教文化与文学在历史上也早有密切的关系，宗教和文学都需要想象；而且在古代，人类的宗教想象和文学想象往往混在一起。文学作品不但表现宗教内容，并且由于文学的艺术性，文学作品往往成为宣传宗教信仰的有力的工具。因此，宗教也很乐于利用文学作为它的工具。这在宗教力量强大的国家尤为如此。同时我们还看到，在这样的国家，宗教还往往采用各种办法来干预文学，包括禁止某些文学作品的传播。有的国家甚至要对触犯一定宗教的作品和作家采取法律制裁。

宗教有落后迷信的成分。但宗教思想中又往往包含人类对理想世界的一种乌托邦式的追求。在一定条件下，宗教可以有益于社会，成为维系社会稳定的力量；而在另一条件下，宗教则可能有害于社会，成为社会的破坏力量。这在历代都不乏先例。

文学与哲学都是人类精神的花朵，又似乎是对立的两极：一个是形象的，一个是抽象的。文学作品很容易为广大读者所接受，而哲学著作则往往只能在社会精英的有限范围内得到阅读和理解。读文学作品，会得到审美的愉悦，读哲学著作则得到的主要是智慧的启迪。在人类的原始精神现象中，比如在神话传说、在巫术占卦的说辞中，也往往兼具有文学与哲学的要素。原始人类通过自己的思维，企图去说明世界，而当时他们的思维基本是映象思维，对世界的抽象思考往往包蕴于映象思维里。后来，掌握世界的哲学抽象的方式与掌握世界的艺术形象的方式才产生分离。文学通过形象的描绘去表现人自身和人与人、人与自然的关系；哲学通过抽象思考力求回答人与宇宙生存的基本问题的答案。但在文学中含有哲学的因素，却由来已久。可见，文学与哲学的结盟或联姻，彼此促进，由来已久。

当然，也不能要求所有的作家作品都表现政法观念或道德、宗教和哲学的思考。因为人们阅读文学作品主要是为了满足自己对于审美愉悦的渴求，而非为了寻求其他。有相当多文学作品即使没有反映政法、道德、宗教、哲学等内容，也得到许多读者的喜爱。但尽管如此，一部厚重的作品如果完全缺乏文化的内涵，只停留在对生活现象的表面的描绘，那么，它的价值就必然要逊色许多。而一部作品如果蕴含对人生的深刻思考和哲理睿智，又有极其出色的文学描写，形象鲜明，文字优美，那么，它就可能进入上乘之作的行列。如果你期望自己成为一个卓越的、杰出的作家的话，更要如此。人们说，伟大的作家总也是伟大的思想家，这是历史的事实。真正伟大的作家，他总要思考人生，不仅关心人类的命运，也关心宇宙的命运，而且把笔墨深入文化的土壤。他不仅用自己的笔，生动地描绘各方面的人生，更力求通过对文化的批判性思考，对人类文化的发展提供丰富的正能量。屈原是这样，李白、杜甫是这样，鲁迅也是这样，世界上许多著名作家，包括德国的歌德、俄国的列夫•托尔斯泰也都是这样。

七、创建文学与文化互动双赢生态

文学与文化的互动体现在三个方面：一是文学反映广泛的文化内涵，并因自己对文化的批判性思考，可能促进文化的发展与进步；二是作家的精神状态因受到自己文化视野和文化信仰的制约，从而也可能使作品对文化的发展和进步产生消极的负面的作用；三是文化所形成的环境，既可能因其先进的趋势而使文学得益，使作家写出具有高度思想和艺水平的作品，也可能因其颓败的趋势而阻碍文学的发展，使众多作家的作品走向平庸和颓废，跌落在创作的低谷之中。所以，建设良好的文学与文化的互动生态关系，必然是我们今天所特别要重视的。

在建设文学与文化双赢的生态关系上，从历史经验看，我们可以和应该做的就是要不断改善和创造有利于文学和文化良性互动的整体文化环境：

首先，要努力实现全民教育的普及和文化的提高，从而为作家文化水平的提高和广大有文化的文学受众的形成，创造必要的平台。这是文化环境最重要的方面。它不仅为文学的繁荣提供广泛的需求，也为作家水平的提高提供必要的条件。不能想像一个文化落后、颓败的国家和民族能够产生伟大的作家和伟大的文学，我国文学史上"汉唐气象"的恢弘，与当时文化的昌盛分不开；俄罗斯19世纪文学的崛起，也与彼得大帝大力改革，兴办教育，学习西欧先进文化密切相关。文化是文学的重要生态环境条件，是文学所赖以吸收广泛营养的丰腴土壤，作家必须从自己时代的文化中去汲取思想的启迪、艺术的素养和审美的风尚，更需要从当代吸取语言的矿藏和方方面面文化生活的体验。文化的贫瘠往往意味着文学作品内涵的贫瘠。作家的文化修养越高，文化视野越开阔，他的作品就越可能攀上时代的高峰。杜甫所说"读书破万卷，下笔如有神"，正是作家的经验之谈！可见作家把自己的创作根须深深扎入文化土壤对于发展文学的重要。反过来，文学对传播文化、提高读者的文化素养也起着不可磨灭的作用。正是整个国家、民族的文化水平的提高，才能为具有文化和艺术欣赏水平的广大读者的培养创造良好的条件。而具有较高文化水平的大量读者存在及其所产生的文学需求，则是文学繁荣发展的十分重要的前提。文学十分繁荣的国家和民族，其文化鲜有不繁荣的。

再次，要坚持"古为今用，洋为中用"，"推陈出新"，"百花齐放，百家争鸣"的文化方针。历史表明，这是发展和繁荣文学艺术与文化的正确政策方针。文化各部分的良好生态关系的构建，也是文化和文学繁荣昌盛的必要条件。文化和文学的繁荣和发展，都需要变封闭为开放，善于汲取中外文化的有益养分，处理好意识形态中的传统与未来，主导与多元，民主与现代化的辩证关系，必须在多样化的发展中突出社会主义的主旋律，求同存异，取长补短，相互对话，相互补充，并且锐意创新。像20世纪60年代那种文化生态大破坏的环境再也不能重复了！而改革开放新时期的良好生态确实弥足珍惜！当前文学创作取向中存在忽视文学传播思想文化正能量的作用，乃至无视有些作品肆意传播负能量的影响，这必然会损害文化的健康发展，而文化领域政纪腐败，道德滑坡，迷信风行的现象，也严重影响到一些作家的不良创作倾向。可见，创造文学与文化都能够健康地彼此促进的生态环境是多么重要。

第二章 英语教学概述

大学英语教学是我国高等教育的一个重要组成部分，它是以英语教学理论为指导，以英语语言知识与技能、跨文化交际和学习策略为主要内容，集多种教学模式和教学手段为一体的教学体系。

第一节 语言与语言学习环境

一、语言概述

（一）语言的特征

为了弄清楚语言的特征，了解什么是语言，语言学家、哲学家和心理学家做了大量的研究工作，他们从不同的角度对语言的本质和特点进行了描述。概括起来，语言有如下特征：

1.语言是一个系统，并且是一个生成系统，有着自身的结构。这种结构是多层面的，第一个层面是音位（phonemes），第二个层面是音节（syllables），第三个层面是语素（morphemes），第四个层面是词（words），第五个层面是句子（sentences）。语言这个系统储存在人们的大脑之中，并为规则所支配（rule-governed）。这些规则既是复杂的，又是抽象的。人们可以凭着对语言规则的掌握形成无限的句子，并可以凭借这些规则判断某些句子是否正确。

2.语言是一套具有任意性（arbitrariness）的符号。这些符号是声音符号，但也可能是视觉符号。语言符号所表示的意义是约定俗成的，语言符号和它们所指的事物之间没有内在的必然联系，这就是语言的任意性。例如，某种有四条腿、食肉的哺乳动物在汉语中叫作狗，在英语中叫作 dog，在法语中叫作 chien，在德语中叫作 hund。这就是任意性的例子，因为我们无从解释为什么要这样叫。但用什么语言符号去表示意义是一种社会规约，意义的规约性往往会受到不同的社会和文化的影响，因而总是具有人文性这一特点。

3. 语言是一种交际的工具。作为交际工具的语言是在社会交际需要中产生的，并在使用中得到发展。人们通过对语言的运用而掌握语言，并在交际中学会使用语言。

4. 语言在语言社团或语言文化中发生作用。语言和文化有着极为密切的关系，语言是文化产生与发展的基础，而文化的发展也促使语言变得更加丰富和精细。从某种意义上来讲，语言可被看成文化的一部分。

5. 语言为人类所独有。科学家对动物交际的研究表明，虽然一些动物可以以某种方式或通过一定的手段把有关的信息传给它们的同伴，例如，蜜蜂可以通过舞蹈来传播有关蜜源的信息，海豚可以通过各种声音进行交流，猿猴也能掌握某些语言符号，但是，它们并没有和人类相似的交际系统，它们之间的"交际"不是人类那样的语言"交际"。语言是人类独有的，人类语言有它的神经生理基础、社会基础以及用于抽象思维的特点和用于传递指称对象特殊信息的特点。从这些方面来看，人类语言与动物"语言"是不同的。

6. 所有的人都以大致相同的方式习得语言。语言和语言学具有普遍性的特征。如果我们可以把人们描述为聪明、较聪明、不那么聪明等各种类型的话，那么，除了一些有生理或心理障碍的人，其余所有的人都能在儿童阶段以大致相同的方式习得语言。儿童具备学会任何一种语言的能力，只要他们能够接触到周围讲某种语言的人，与某一种语言环境保持一定的接触，他们到一定年龄——五六岁时，都能使用某一语言进行交际。

认识语言的本质和特征，有利于我们探讨英语教学中的问题。对语言不同的看法会使我们在英语教学研究中采取不同的态度和方法。如果我们把语言看成一种任意符号，而这种符号首先是有声的，那么，我们在英语教学中就会强调口语教学，加强听、说方面的训练，我们会"听说领先"；如果我们把语言看作交际工具，我们会以能成功地进行交际作为语言习得的标志，也会在教学中让学生参加各种语言交际活动，使学生在语言交际中学习语言；如果我们相信语言和语言学习具有共通的特征，我们就会去寻找学习者学习语言的通用方法、通用策略，看哪种方法、哪种策略更有利于语言学习。我们会更清楚地看到不同的语言观对语言教学的影响，不同的语言观会直接影响到某种具体方法和教学技能的运用，不同的教学方法都是以不同的语言观和语言学习观为基础的。

（二）语言研究理论

1. 语言的内部研究

语言研究发展到现在，如果从当代角度来看，语言学已发展得相当成熟，发展出许多分支。什么叫语言学？语言学是对语言的科学研究。发展到今天，语言学的分支相当多，这也说明语言学已经成为一个成熟的学科。从这个角度来说，可以分成对语言的内部研究和对语言的外部研究两大板块。对语言的内部研究是对语言不同层次的研究，又可以分成语音学、语法学、句法学、语义学、语用学等。

（1）语音学的研究对象是人类发音器官发出的各种声音，特别是言语声。通常语音学包含三个分支学科：声学语音学，主要研究言语声音从说话者到听者在空气中的传播特性，这需要用物理或声学的方法对言语声的波形进行频率、幅度等方面的分析研究；听觉语音学，主要用心理手段研究我们是怎么感知并且识别出不同的声音的；发音语音学，研究发音器官是如何产生言语声的，以及每个人是如何通过他/她自己的发音器官，产生出他/她独有的、与别人不同的声音的，而且还要研究如何对声音进行分类和描写。

（2）一种语言的语法是该语言的语法规则的总和。但是各研究者的出发点各不相同，大体上有下列几类：从研究方法来看，有实证主义的语法和唯理主义的语法；从研究对象的时限来看，有贯穿不同时期的历时语法和属于同一段时间的共时语法；从研究者的社会目的来看，有规定性的语法和描写性的语法；从研究者的教育目的来看，有供语言学研究的语法和教学用的语法；从所研究的语言范围来看，有普遍语法和语别语法。

语法学要研究语法范畴，即语法意义的种类，包括词类、性、数、格以及人称、式、时、体、态等，它们各有不同的语法形式。语法学还要研究语法单位和语法结构。语法分析通常分层次进行，不同的层次有不同的单位。最底层是词素，高一层是由一个或一个以上词素组成的词，再高一层是分句、句子，后三项都由前一个层次的一个或一个以上的单位组成。语段一般作为语用学的单位考虑。每个单位和层次都处于一定的结构中。

（3）句法学研究语言的句子结构。该语言学术语来自希腊语，字意是排列句子是根据一种特定的排列词的方式构成的。排列正确的句子被认为是合乎语法的句子，合乎语法的句子是根据一套句法规则构成的。句法是一个由一套数量有限的抽象规则组成的系统，句子由单词组合而成。句子的语法性是指句子的合成必须符合本族语者头脑中的语法知识。

任何一种语言的句法规则都包含了说话者的头脑中的语言知识系统（称为语言能力）。任何语言的句法规则的数量是有限的，但说话者可以理解和表达的句子的数量是无限的。

（4）语义学又称作词义学，是研究自然语言中词语意义的学科，也可以指对逻辑形式系统中符号解释的研究。语义学有以下几个分支：（1）哲学语义学。这是哲学家对自然语言的语义的研究，围绕着什么是意义这一难题展开。柏拉图提出，词语的意义就是其所指对象，这种观点称为指称论。有些哲学家如 D. 戴维森提出，语句的意义与命题的真假有关。这种观点称为真值论。L. 维特根斯坦反对真值论，认为词的意义是它在语言中的用法，他的理论叫作用法论。到目前为止，关于什么是意义的争论还在继续。（2）历史语义学。语言学家早就关注语义问题，尤其是词义演变问题。中国和西方学者都做过大量而细致的词源研究。（3）结构语义学。在结构主义理论影响下，一些语义学者由历时性的研究转向共时性的研究，由研究一个词的语义变化转向研究与词的语义关系。（4）生成语法学派语义学。目标是描写和解释人们的语义知识；同时，也描写一切词组和一切句子的意义。（5）孟德斯鸠语义学。认为了解一个句子的语句就是了解该句子是否符合真值条件，是否真实反映世界的情况。

语用学在国外，特别是在英语国家的发展大体上是遵循符号学的三个方面进行的：首先，结构主义语言学，特别是其中的描写学派，力求把研究的范围仅局限在语言单位间的形式关系方面，尽量不涉及意义，"把意义排除在外"。但是，到了 20 世纪 60 年代中期，这种方法已日暮途穷，因其无法充分、全面地分析语言事实并转换生成语法，可是这些国家的语言学就又回到了语义问题上来。起初是一般地涉及，后来语义分析日趋详尽，这样，不仅在词汇领域，而且在句法领域，语义研究均跃居领先地位。然而，转换生成语法的语义成分仍不能满足语言研究，特别是语言功能研究的全部需要。在转换生成语法的语义学理论中，语句是跟虚拟的、抽象的语言使用者发生联系的，而现实中运用语言的人及其感情、相互关系、意图、目的等则被排斥在分析之外。人们开始认识到，为了充分地阐述语言现象，包括语言的结构及其在言语中的使用特征，必须考虑语言形式在功能方面的种种因素，这就促使人们把注意力投向语用学。从 20 世纪 70 年代初期开始，"语用学"这一术语以及相关的概念便日益频繁地出现在不同学派语言学家的论著中。

2. 语言的外部研究

前面的几个分支基本上是语言内部的层次研究，不同的层次研究形成了不同的语言学派。从语言与外部的关系来看，语言研究可分为心理语言学、社会语言学、神经语言学等。

心理语言学是研究语言活动中的心理过程的学科，它涉及人类个体是如何掌握和运用语言系统，又是如何在实际交往中使语言系统发挥作用的，以及为了掌握和运用这个系统应具有的知识和能力。从信息加工的观点来看，心理语言学研究个体言语交往中的编码和译码过程。由于研究对象的特点，心理语气学与许多学科都有着密切的关系，除心理学和语言学外，还有信息论、人类学等，但在方法上，它主要采用实验心理学的方法。

心理语言学有两个主要的研究方向：行为主义的研究方向和认知心理学的研究方向。在20世纪50年代，心理语言学主要受行为主义心理学和描写主义语言学理论的影响，当时的心理语言学家用行为主义的观点来解释心理语言现象。他们认为言语行为和人的其他一切行为一样，也是对刺激的反应，是联想的形成、实现和改变，是借强化而获得的。这样，心理语言学的理论基本上是行为主义学习理论在言语活动中的具体表现。这个研究方向的代表人物是奥斯古德。他虽然不像斯金纳那样把意义排斥在语言现象之外，引用了中介过程来说明语言的意义，但他仍坚持认为行为主义的学习理论可以解释言语行为，其心理学研究方向受现代语言学理论的影响很大，特别是在乔姆斯基的生成转换语法产生和盛行之后，心理学对行为主义的语言学习理论抨击增多，认为行为主义不能解释言语活动中的许多现象。以米勒为代表的心理学家把生成转换语法运用到语言的研究中，认为人们掌握的不是语言的个别成分，如音素、词和句子，而是一套规则系统。因此，言语活动不是对刺激的反应，而是一种规则的产生和对行为的控制，它具有创造性。他们还认为心理语言学研究的重点不是人类各种语言的不同结构，而是存在于各种语言底层的普遍规则，研究这些普遍规则如何转化为某一种特殊的语言。这种研究方向在20世纪60年代后已成为心理语言学研究中的主要倾向。近年来，心理学家还用一些新的语言模式来研究心理语言问题，不过它们仍属于认知心理学的研究范畴。

心理语言学研究的问题包括言语的知觉和理解、言语的产生、语言的获得、言语的神经生理机制、各种言语缺陷、言语和思维以及言语和情绪、个性的关系，等等。这些问题的解决对学习理论、思维理论、儿童心理发展理论的研究都会起到很大的作用，它对工程心理、语言教学、言语缺陷的诊断和治疗、电子计算机的语言识别等人工智能的研究也都具有应用价值。

社会语言学是20世纪60年代在美国率先兴起的一门边缘性学科。它主要是指运用语言学、社会学等学科的理论和方法，从不同的社会科学的角度去研究语言的社会本质和差异的一门学科。对这个定义，学术界有一些不同的理解。有的学者认为，此研究应以语言为重点，联系社会因素的作用并研究语言的变异；有的学者认为，研究重点是语言的社会学，要研究语言和社会的各种关系，使用语言学的材料来描写和解释社会行为。布莱特认为社会语言学研究的是语言变异。研究内容涉及七个方面：说话者的社会身份、听话者的身份、会话场景、社会方言的历时与共时研究、平民语言学、语言变异程度、社会语言学的应用。他的视角涉及语境、语言的历时与共时。他的重点在于"语言变异"，社会语言学本身也是以变异为立足点的。

费什曼将社会语言学的研究范围分为宏观和微观两个方面：微观社会语言学以语言为出发点，研究社会方言和语言变异，考察社会因素对语言结构的影响；宏观社会语言学则以社会为出发点，研究语言在社区组织中的功能。费希曼将社会语言学二分为宏观和微观两方面，关注的是不同层面的研究对象。①

二、教与学的关系

英语教学法研究英语的教与学，弄清学习的特征，厘清什么是教，对研究英语的教与学是必要的。明确了教授与学习的特征，我们在研究英语教学法时，才会有正确的出发点、明确的前进方向，这样，我们就可以取得显著的效果。

按照布朗的提法，学习有如下特征：

学习是习得（acquisition）或获得；

学习是信息或技能的保持；

对信息或技能的保持包含记忆、储存和认识结构的作用；

学习涉及对有机体内部或外部事件积极、有意识的注意和对这些事件施加作用；

学习是相对持久的，但也会遗忘；

---

① （美）查尔斯·费什曼（Charles Fishman）.沃尔玛效应[M].张桦译.北京：中信出版社，2007.

学习涉及某种形式的训练，或许是强化训练；

学习是行为的变化。

这些特征有些说明了学习的过程，有些说明了学习的结果。在学习过程中，我们会对某些事物特别注意，尽量去了解，并做出反应和行动，我们会把有关的信息想方设法地记忆下来储存在大脑之中。这样一来，我们的认知结构也会随之发生变化，我们为了保持有关的知识和信息，还会进行不同形式的操练。作为学习的结果，行为的变化和知识、技能的获得都表现得很具体。我们不能离开学习去讨论教授。可以说，教授的目的是要指导和促进学习，使学习变得容易些，为学习的顺利进行创造有利的条件和提供各种帮助，最后达到促使学习者能学习到有关知识和技能的目的。因此，教无时无刻不与学联系在一起，语言学习的理论直接影响着语言教学理论的建立，也影响着教学方法的采用。从这个意义上来说，语言学习理论和语言理论一样都对教学方法具有直接的影响。

三、母语、第二语言和外语的学习环境

英语在不同的国家起着不同的作用。在一些国家，英语是母语或第一语言。如美国、加拿大、澳大利亚、新西兰、巴巴多斯、牙买加、特立尼达和多巴哥等。英语在这些国家的地位就像汉语在中国的地位一样。应该指出，虽然英语在讲英语的国家里是母语，但是在不同的地区和国家，英语的发音是不尽相同的。除此之外，还存在词汇和语法上的区别。如果把这些有地理特点的英语称为英语的方言，英语方言的差别就没有汉语方言之间的差别那么大（特别是口语方面）。

英语在一些国家和地区虽不是母语，却起着官方语言的功能，它是法律界、政府部门、学校、商界和大众媒介（电台、电视台和报纸）的主要语言。在这些国家和地区，英语起着第二语言的作用。在南非、印度、新加坡、尼日利亚等国家，英语是第二语言。对于那些到英国、美国等国家定居的移民来说，英语也是他们的第二语言。

在很多国家，英语既不是母语也不是第二语言，但英语也有它的用处——作为外语存在。在这些国家里，英语是学校课程的一部分，是高一级学校入学考试中的一个科目。在我国，英语是一门外语。虽然英语在很多国家中只以外语的形式存在，但由于国际上不少会议是以英语为主要语言进行的，世界上不少书籍、杂志是以英语为主要文字发表的，目

前，在这些国家里也有不少人在努力地学习英语。学好英语和掌握英语有利于他们与外界沟通，从外部世界获取各方面的信息。

明确英语的地位对于英语教学来说是重要的。在我们的英语教学中，最好先教授某一种英语的发音，并以此为基础对其他方言的发音进行描述。这样，能使学习者更好地掌握英语的发音，懂得英语发音的特点，在日常与英、美、澳等国人士接触时，能明白对方的语言，进而成功地进行交际。再者，我们也应懂得，英语在我国是外语，教授外语的环境与教授母语和第二语言的环境有着很大的差别。作为外语教学，除了在课堂里接触英语外，在其他场合接触英语的机会并不多。从学习母语的经验中我们得知，语言环境对语言学习是很重要的，那么，我们应尽可能地为学习者创造良好的英语学习环境，从而促进其语言学习能力的全面提升。

第二节　英语教学内容、价值、重要性

一、英语教学内容

（一）语言知识教学

1. 语音教学

教育部印发《大学英语课程教学要求》（2021年）对非英语专业学生在语音方面达到的目标并未做出很细致的规定，只是在口语表达能力中笼统地提到"语音、语调基本正确"。实际上，在教育部颁布的《全日制义务教育普通高级中学英语课程标准》（2021）（即"新课标"）中，二级的标准是"语音清楚，语调自然"，五级的标准是"了解英语语音包括发音、重音、连读、语调、节奏等内容；在日常生活会话中做到语音、语调基本正确、自然、流畅；根据重音和语调的变化理解和表达不同的意图和态度"，八级的标准是"在实际交际中逐步做到语音、语调自然、得体、流畅；根据语音、语调了解和表达隐含的意图和态度；了解诗歌中的节奏和韵律"。按照这个要求，对于语音、语调的训练应该在中学阶段完成，在大学阶段不必再包括这方面的训练。而在实际中，绝大多数学校的新生达不到这个要求，

需要花一定时间进行基本发音和语调教学。

英语语音教学一般包括整个英语语音系统，它可分为发音知识、单音、字母、音标、语流、语调等几个方面。

发音知识主要是有关发音与发音器官间的关系的知识，如口形、唇形、舌位、唇和舌的运动轨迹、肌肉的紧张或松弛状态、气流的通道口腔、腭、声带的震动、声音的长度，等等。适度地教授学生英语发音知识，有助于帮助学生建立起对英语语音系统的管理性认识，为以后的学习打下基础。

2. 单音教学

单音教学主要是指元音和辅音的教学。元音教学要区分前元音与后元音、单元音与双元音、短元音与长元音等；辅音又包括清辅音、浊辅音、鼻辅音、摩擦音、爆破音等。字母教学通常与音标教学相结合，英语字母与音标容易混淆。因此，它们之间的区分和比较尤其重要。特别要注重区分英语字母表、字母的名称、字母的读音、元音字母表、辅音字母表、字母拼读；音标包括元音分类表、辅音分类表、重音、次重音等。音标是记录音素的书面符号，看到音标就可以联想起某个相应的音。它的作用相当于对声音的提示。为方便英语发音教学，现在我国的英语课本和英汉词典多采用国际音标，用48个音标标注英语的48个音素，一个音素用一个音标表示。这样，语音教学就方便多了。英语中很多单词的拼读不规则，学生在遇到新单词时，可以在字典上查到音标，然后，读出该词正确的音。当听到一个生单词时，可以用音标迅速记下它的发音，以便之后查阅。音标还可以用来教授语音的其他技巧，如连读、弱读等，通过视觉和听觉两个渠道的沟通，加深加速对语音的把握。对于缺少语言环境的英语教学来说，音标教学应该得到应有的重视。

3. 语流教学

语流教学包括重音教学、节奏教学、语调教学等。重音中的单词重音和句子重音两者都很重要。重音教学的受重视程度远不如音素教学。很多教师认为重音上出现的问题不会对教学形成太大的影响。可是，很多学生在读单词时常常出现音对而重音位置不对的现象。因此，在教单词时一定要强调重音，把这一属性作为单词的一部分。

（1）句子的重音教学

用英语交流时，我们要注意句子中哪个词要重读，哪个词不重读。重读的词用以给听者传达信息，不重读的词把这些信息连在一起。如果你在用英语交流时每个单词都重读，那么就会使听者听不懂你的意思，因为你想传达的信息太多了（他们习惯了听重读的部分）。此外，这样的表达会让对方觉得你可能生气了，或不太耐烦，或不友好（他们在生气不耐烦的时候才会把每个词都重读）。

（2）句子的节奏教学

节奏教学首先要与重音和停顿联系起来。节奏教学首先要与重音和停顿联系起来。我们要知道，在汉语中，如果一句话里的字数多，那么说起来用的时间就长；而英语里说一句话所用的时间是由重音的数目决定的。两个重音之间叫重音间距，这之间不管有多少词，所用的时间大致都是一样的。在节奏教学时，教师可以通过打拍子让学生进行练习，像唱歌一样，一拍里不管有多少个字，都要在这拍的时间内唱完。例如：

English is interesting.

The English book is interesting.

The English book is very interesting.

（3）句子的语调教学

语调是说话音调的上升或下降，即声音的抑扬顿挫或高低起伏。不同语调的话语有着不同的含义，因此，说话时如果采用不同的语调，就会产生不同的效果。英语句子一般有升调和降调两种基本语调。升调表示不肯定的语气和不完整的意思，降调表示肯定的语气和完整的意思。音也有四种高低不同的程度：特强音、强音、中音和弱音。升和降一般用箭头表示。升调用于一般疑问句，降调用于陈述句、特殊疑问句和感叹句。由于汉语的调落在每个单字上，所以句子的调并不严格。一般来讲，汉语无论什么句式，降调使用得比较多，这导致学生在学习英语时习惯于降调，因而语流会显得平淡、呆板和无味。针对这种情况，我们应把它作为重点项目进行训练。掌握语调的应用技巧，一方面可使说话人的语音更优美，另一方面也有助于更有效地表达说话人的情感、态度和目的。英语语音教学的内容不同于英语语法和词汇教学，它有着"显而易见"的特点。由于语音"显而易见"的特点，学生的语音学得如何，只有通过学生用英语说话才能进行判断，这就为语音教学的评估带来了很大的困难。中国的学生英语语音发音普遍生硬难听，缺乏美感，这一点与中国英语教学评估体系中缺少语音评估有着直接的关系，尤其是在全国高考体系中并没有英语语音的评估，这对中国英语语音教学特别不利。要推动中国英语语音教学的发展，就要对语音评估系统进行彻底的改革。另外，由于语音"显而易见"的特点，教师的语音教学效果如何，学生一开口说话就知道了，语音教学中存在的问题就全部暴露出来了。

4. 语音教学的方法

大学英语授课方式往往是以大班教学为主，这就对教师的教学手段提出了挑战，具体可从以下方面着手进行改善。

（1）将语音语调融入大学英语教学的全过程

在学生刚入大学的第一学期，教师就对语音语调知识进行系统的介绍和阐释。由于大学英语的周课时往往为四课时，课时量太少，因此，教师通过课堂课外的模式将语音语调知识分割为若干部分，分次分批地教授给学生，作为大学英语课堂的一部分。教师在课堂上利用较少的时间对学生进行指导并安排巩固任务，使学生系统地掌握并巩固语音语调的相关知识，并随时将语音训练融入课堂教学中。

（2）灵活运用多媒体教学

结合当前对听说能力目标的要求，尽可能多地让学生接触真实自然的语言材料，以习惯英语的语音语调。我们可以运用多媒体教学手段，增加有趣的电影对白、绕口令、英文歌曲等内容，使学生在教师的指导下进行课堂和课后的模仿，由教师进行模仿检查。同时，可以辅以英汉语音比较教学，使学生通过已有的母语知识更好地掌握英语语音。

（3）开设英语语音选修课

为了解决学生英语水平参差不齐的问题，学校可开设不同等级的语音选修课。该课程是在学生已有的英语知识和能力尤其是学生已有的英语口语能力基础上开设的，课程的主要内容通常是基于发音基本方法和规则的讲解以及大量的模仿和练习。因此，它是一种补偿性的课程。在有限的教学时间中，不可能也没有必要做到面面俱到，要针对学生英语语音方面的弱点来有针对性地组织教学。

（4）努力培养学生的自主学习能力

由于教师在有限的课堂时间内给予的相关指导无法替代学生的实际操作和训练，因此，必须培养学生的自主学习能力，要有效利用已有的网络自主学习平台，建立合作学习机制，使学生能在课后配合听说训练有意识地、主动地开展语音语调训练。

（5）教师应当努力提高自身的语音语调水平

提倡终身学习，教师要不断充实自己，提高判断能力。只有这样，才能保证英语教学良好的教学效果，才能不断地带领学生取得更大的进步。

（二）词汇教学

《大学英语课程教学要求》对词汇量的要求为：一般要求的英语能力推荐词汇量应达到 4795 个单词和 700 个词组（包括中学应掌握的词汇）。其中 2000 个单词为积极词汇，即要求学生能够在认知的基础上在口头和书面表达两个方面熟练运用的词汇；较高要求的英语能力词汇量应达到 6395 个单词和 1200 个词组（包括中学、一般要求应掌握的词汇），其中 2200 个单词（包括一般要求应该掌握的积极词汇）为积极词汇；更高要求的英语能力词汇量应达到 7675 个单词和 1870 个词组（包括中学、一般要求和较高要求应该掌握的词汇，但不包括专业词汇），其中 2360 个单词为积极词汇（包括一般要求和较高要求应该掌握的积极词汇）。

1. 词汇教学所出现的问题

我国传统英语教学把语言教学分为语法教学和词汇教学。课上，教师花费了大量的时间讲解词汇；课下，学生把大部分时间用在背单词上。虽然这种方法不符合当今的教学理念，但大多数学生还是延续了"学英语就是背单词"的习惯。那么，为什么多数语言研究者还是认为学生的词汇量不足呢？问题主要体现以下两个方面：

（1）教师方面

首先，教师在词汇教学中存在错误的观念和做法，认为学习和记忆词汇是学生自己的事，在讲解课文时，多重视句子和篇章的讲解，即便是利用课堂时间讲授单词，也只是停留在单词的读音、基本用法等表层，对词源缺乏系统的介绍，也往往不会比较其文化内涵同母语的区别。教师也没有帮助学生逐渐找到适合自己的行之有效的记忆单词的方法。教学实践证明，教师要在语境中教学，这样才不会使学生觉得单词只是一连串毫无联系的符号，学起来枯燥无味又很难记住，也可以避免学生产生厌学情绪。其次，教师在讲解词汇的同时要重视文化教学。因为文化辨析是词汇教学的一个重要组成部分。英汉两种语言反映着两种不同的文化内涵，有同又有异。因此，缺乏文化对比则会直接影响语言的习得，甚至会造成理解上的障碍。

（2）学生方面

当代大学生都认识到了词汇学习的重要性，也很重视词汇的学习，于是就花费大量的时间去背单词。然而，由于方法不当，效果往往不尽如人意。笔者经常遇到一些学生抱怨词汇学习事倍功半，花费了很多的时间和精力，有的学生在英语词汇记忆方面所花费的时间甚至比学习自己的专业所花费的时间还多，每天死记硬背词汇，如果记忆不准或错误就统统归咎于自己的记忆力差或努力不够。再者，学生在记忆单词时往往只单纯地记忆词汇表，不留意单词出现的上下文语境。他们只记住单词的一个或两个中文意思，不知道其固定搭配、习惯用语和常用表达方式，结果导致只能读懂文章，而在写作或口语中不知道用哪个词更准确、更地道。要知道，词汇表或者词典上对单词、短语的解释是死的，语言的运用却是活的，机械记忆会造成很大程度上的误解。词典不是最重要的，关键在于语境。可以说，单词本身没有多少实际意义，机械记忆的词汇量再大，也不会真正提高外语水平，因此，学生要掌握行之有效的词汇习得策略。比如，不要只停留在对词汇读音、拼写的掌握和基本意义的理解上，要能够准确地把握语境，深入地体会和理解词的关联意义，即内涵意义、文体意义、情感意义和搭配意义。也不要死记硬背词汇表，要能向词汇知识的深度和广度发展，从而彻底解决"背——忘——背——忘"的过程，以保持学生的学习热情。

2. 词汇教学的方法

根据词汇习得和词汇教学研究的成果，结合二语习得的理论，我们提出下面词汇教学可操作性的策略，供准教师和教师们参考。当然作为教学一线的教师，还可以根据相关的理论与自己的教学实际和经验提出更符合实际词汇教学的策略。

在英语词汇学习中，良好的学习策略有助于学生形成积极的学习态度，也能把学生的积极性转化为独立获取更多词汇的能力。在二语词汇习得领域，研究者把词汇学习方式分为直接学习和间接学习，或称作有意识学习和伴随学习。

直接学习是学习者做一些能将注意力集中在词汇上的活动和练习，根据不同的任务完成相应的词汇练习。词汇直接学习要求学生不仅掌握这些词汇的意义，还要掌握这些词汇更深层次的知识，如单词的意义、词法、句法及搭配知识。通过练习，学习者的词汇习得经历了从认知到运用的缓慢发展过程，不仅认识了这个单词，还能准确灵活地使用；间接的词汇教学就是通过阅读、听、说等其他教学活动，间接地扩大学习者的词汇量。要使学习者获得准确理解和使用词汇的能力，教师要教会学生在交际的过程中学习词汇，即通过间接的方法学习词汇。特别是随着学生英语水平的提高，其对词汇的猜测能力及间接学习英语词汇的能力也不断提高，比如通过阅读、看电影等方法都能间接习得词汇。但这种学习方式只适合高频词汇的习得。不过，对于词汇的习得而言，这两种方式应该结合在一起，学习者应该注重和强化词汇信息的输入。当今的语言输入途径较以前增加了许多，除了书本以外，还有电影、电视、网络等媒体。这些现代技术手段增加了学习者学习的主动性，并有效地增强了教学内容的针对性，极大地改进了教师的教学方式、教学手段和教学方法，对词汇学习具有积极影响。但笔者认为，不论用哪种学习方式习得词汇，都应从以下几个方面来开展。

（1）利用语言输出活动学习词汇

说和写都是语言输出活动。根据斯温纳的语言输出假设语言产生（语言输出或称说和写）在某种情况下构成二语（外语）学习的过程，有促进二语（外语）习得的作用。通过说和写，我们不但能练习词汇的发音、拼写及使用时要注意的规律，而且可以明确我们是否能正确使用词汇，使用时会出现哪些问题，词汇的哪一部分问题我们还未能掌握（语言输出的两个功能，即练习功能和对语言形式注意的功能）。认识到聚焦意义的说和写活动对词汇习得的作用，我们就应在课堂教学或课外练习中多让学生练习说和写。说和写的活动形式已在相关章节中具体论述，这里不再重复。我们想要强调的是，可在说和写的任务中要求学生使用某些词汇、短语、固定搭配和一定的句式，以使他们更加熟练地掌握词汇的形式、意义和用法。

（2）培养学生词汇学习的策略

在语言学习的过程中，要培养学生学习词汇的策略。不管我们是使用间接的方法还是直接的方法学习词汇，即附带学习或有意学习词汇，我们都要使用一定的学习策略。从这个意义上来说，词汇学习策略的培养直接影响词汇学习的效果。在培养学生的词汇学习策略时要懂得，策略本身并无好和不好之分，只要在一定的情景下使用恰当，能有效果，都可算为好的策略。

（3）使用词块法学习词汇

利用合成词、派生词等总结和记忆单词。能根据所学的词汇构成方法和特点来猜测、判断和记忆单词，这样可以使得单词的记忆更加轻松一些。因此，在词汇教学中，教师应该注意这一点，以帮助学生提高自我探究、自我发现、自我总结的能力，训练学生的单词记忆能力。例如：sad(adj)- sadness(n)。要让多数学生都能参与其中，举出更多例子，如：ill-illness，sick-sickness，dark- darkness 等。让学生自主地归纳 adj+ness=n.；再比如，加 -er 后缀构成名词，如 sing-singer，work-worker。这样教学单词，可以帮助学生养成思考的好习惯，也为他们以后的学习打下良好的基础。

3. 语法教学

语法是语言的框架，赋予语言以结构形式。它是对语言存在的规律性和不规律性的概括描述，是词形变化规则和用词造句规则的总和。语法教学可以有效地帮助语言学习者清楚地了解英语言的语法规则和句子结构，规范语言的实际运用，并使之富有逻辑性。我们学习语言时，无时不受语法规则的支配。因此，具备扎实的语法知识，可以更快更准地进行各项语言实践活动。在大学语法教学中，因为很多语法知识是学生们在中学阶段就已经掌握的，所以一再地反复、冗余重述是毫无意义的，学生必然形成被动、消极的态度。这就要求教师在教学中应当根据学生的具体情况，采用灵活多样的教学方法，以激发他们的积极主动性，使他们对英语语法形成全面、系统的认识，并能对语法现象做出正确、合理的分析，最终提高他们的英语学习水平和实际运用能力。

（1）语法教学的原则

语法教学应该在一定的原则指导下，以学生为中心，采取灵活多样的教学方法，精讲多练，使学生不但能够在使用语言具体的过程中全面系统地掌握语法知识，而且能够提高语言综合运用能力，同时培养其交际能力。那么，英语语法教学究竟应该遵循什么教学原则呢？

①英汉对比原则

我国的学生学习英语语法必然要受到汉语的影响，而英语语法和汉语语法有着很大的区别。概括地说，英语多长句，汉语多短句；英语重结构，汉语重语义。因此，英语语法教学必须依据这一特点，使用对比的方法，使学生对汉语和英语之间的差异产生敏感性，以加强汉语对英语学习的正迁移作用，减少负迁移作用，从而加速学生英语学习的进程，提高英语学习效率。

②循序渐进原则

无论何种教学的开展，我们都要遵循这一原则，因为它符合我们认识事物和接受事物的规律。所以，在英语语法教学中，我们也应充分了解和掌握语法，在进行语法教学设计时，要根据不同水平的学生的不同教学要求，制定不同的教学内容，采取不同的教学措施。

③交际性原则

语言是为交际服务的，真正的语言能力是在交际活动中培养出来的，因此，在语法教学中，应体现出交际的功能。所以语法不应该在孤立的句子中进行，而应在真实的交际活动之中再现。教师在教学过程中，应以教学内容为中心，创设真实情境，让学生在贴近生活实际的语言材料中感知、理解和学习语言，在语言交际实践中，熟悉语言结构，发展言语技能，培养交际能力。

④实用性原则

实用性原则是指语法教学应以服务于实际应用为出发点，不求面面俱到，但应重点突出。这就要求教师在语法教学时详略得当、有主有次地开展，对于如定语从句、语态、虚拟语气等常用语法，应结合课文和练习进行系统讲解和反复操练。

⑤多样性原则

要改变语法教学在学生心目中的形象，方法之一就是要注意多样性。多样性包括活动的多样性、话题的多样性、课堂组织的多样性、评价的多样性以及教师指令的多样性。这样可以激发学生的学习兴趣，使原本枯燥的语法教学变得生动有趣。

（2）把语法知识贯穿在教学活动中

语法教学是非常有必要的，但并不是说一定要专门给学生开设语法课程，而是可以把语法教学融于整个英语教学之中。所以，语法作为英语的一部分，可以与听、说、读、写、译能力培养相结合，我们可以通过英语各方面技能训练的方式来强化学生英语语法的学习。现代语法教学不是强调反复的机械操练，而是重视引导学生对某一类语法结构的理解和运用。因此，利用已有的教学资源，将语法教学与读、写、听、说教学结合起来是完全可行的。但在设计教学活动时，教师要清楚学生在中学学过哪些语法内容，学习的深度和广度如何，哪些内容需要深化，哪些方面需要补充。比如，对于虚拟语气的使用，学生在中学时已经有所接触，也比较熟悉虚拟语气中的动词变化规则，那么，在大学语法教学中教授虚拟语气，就不能只是停留在形式层面，而是要上升到语用层面——使用虚拟语气向别人提出建议时可以使语气委婉，比使用祈使语气的效果要好。拒绝别人时使用虚拟语气，可以更多地保留对方的面子。使用虚拟语气也可以使表述显得生动有趣,如,Nobody could save her even though Huatuo should come here.(即使华佗再世也无法救她。)既指明了不可能存在的条件,也指出了不可能出现的结果。

教师也可以围绕某些语法形式,设计一些口语活动,进行一些联系社会现实的交际活动,从而培养学生在真实的语言环境中运用英语的综合能力。活动方式有很多,诸如角色表演、辩论、演讲、自由讨论等,让语法知识转化成灵活的口语形式。教师也可以给出一个特定的情景和相关表达,让学生编织故事。运用所学的语法规则进行自由表达,这种教学方法不仅可以活跃课堂教学气氛,调动学生学习的积极性,而且有助于提升教学质量,提高学生学习效率。

二、英语教学的价值

英语教学的价值主要体现在英语课程的价值方面。英语课程的学习,是学生通过英语学习和实践活动,逐步掌握英语知识和技能,提高语言实际运用能力的过程。语言既是文化的一部分,又是文化的载体。英语语言呈现了英语文化特有的语言思维方式、价值观念、生活方式等文化特性,同时,这些特性又制约着语言修辞策略的选择和语言意义的生成。在英语教育教学过程中,虽然教学内容是与语言相关的知识内容,但是,语言的文化性意味着学习者对英语的学习实际上也是对英语文化的学习,语言学习的过程也是英语文化理解、传播的过程。因此,英语教育实际上是一种文化教育,引导学生通过语言学习来了解文化是英语教育教学的重要任务。

(一)英语和英语教育的作用和地位

世界上不同的语言有着不同的作用和地位。语言的作用和地位受多种因素的影响。有的语言只在某一国家或地区作为母语使用,但是,有的语言比如英语,不但在本族语国家被作为母语使用,而且被其他许多国家当作第二语言或外语使用。

目前,英语是世界上使用最广泛的一门语言。另外,把英语当作第二语言(简称"二语")或外语使用的人数甚至超过了以英语为本族语者的人数。在中国,英语被视为外语。但是严格来说,如果外语是外国语的简称,今天的英语并不是外语,因为它并不是某一个或几个外国的语言。英语有许多种类，包括英国英语、美国英语、加拿大英语、澳大利亚英语、新西兰英语、印度英语、新加坡英语、马来西亚英语、南非英语，等等，这些带国名的英语都可以说是外国语。但是，当我们不管地域区别，单说"英语"时，这种英语不属于任何一个国家，它是一个含有多个变体的语言集合体。由于当今世界许多地方都有相当多的人使用这一语言集合体的某种变体，因此，英语现在实际上是一种国际通用语（lingua franca 或 language of wider communication）。霍瓦特（Howatt）认为，英语的地位已经发生了急剧的变化，英语在全球化过程中既是原因又是结果。

把英语看作一种外语，就如同几个世纪前说拉丁文是一种外文。今天，英语已经通过各种渠道进入中国，成为中国人每天都不得不面对的现实，成为语言生活的重要内容。对于近二十年受过高等教育的几乎所有人来说，英语是他们可以在不同程度上使用的第二语言；对于每个人来说，英语是他们每天可以接触到的第二语言。CD、DV、DVD、DNA、GDP、PK，这些英语词人们每天不知听到或看到多少次；bye-bye, cool, OK, sorry, thank you, wow yeah，这些英语词语已经融入无数人的日常用语中；从北京、上海、广州等大城市和旅游城市的双语路牌，到旅游景点和涉外宾馆的英文介绍和服务；从无数产品包装上的英文译文，到不少学术刊物上所发文章附带的英文题目和摘要；从各种英文书籍和报刊，到英语广播和电视频道；从地铁里到飞机上，英语的身影和声音在我国大江南北随处可见。

（二）英语在国民义务教育中的地位

在过去的三十多年中，英语在中国取得了前所未有的重要地位。随着中国在经济、政治、文化、教育、军事、外交等国际事务中扮演着越来越重要的角色，越来越多的中国人投身到国际事务当中，他们对英语作为国际通用语的价值的认识，不论是从个人还是从国家的角度来说，英语都是通向未来的桥梁；英语是国际化的原因和结果；等等。因此，英语教育也受到了空前的重视。

教育部 2001 年秋季颁布的《义务教育阶段英语课程标准（实验稿）》确立了英语课程在我国国民义务教育中的地位——英语是一门国家课程。全国各地从小学三年级开始开设小学英语课程，英语正式成为国民义务教育阶段的一门法定课程。为什么把英语定为义务教育的一门课程呢？国民义务教育的一个重要原则是教育内容应当对每个人都有用。如果英语仅是一种外国语,就像德语、罗马尼亚语、日语一样,那么,它就不是对每个人都有用,只要外国语学校或高校的外语学院或外语系开设就行了。国家没有必要像现在这样,把英语教育作为国民义务教育的一个组成部分,要求每一个受教育的人都必须学习英语。现在的问题是,英语是否对每个受教育的中国人都有用?国民义务教育内容中的"有用",并不一定是有实际用处。例如,音乐就没有什么实际用处,但是音乐是人类精神生活的一个重要方面,它有抒情的功能,抒情也是一种"有用"。英语成为我国国民义务教育的组成部分,其假设前提就是它对每个人都有用。英语目前是国人与外国人交流的主要工具,以广州进出口商品交易会(简称"广交会")为例,在广交会上,人们用英语跟英、美客商交流,碰到法国、日本客商不会讲法语、日语时,也可以用英语来交流。因此,与外国人进行某种直接交流的人,都应该掌握一定程度的英语。这种直接交流既可以是人与人之间的交流,也可以是阅读外国文学作品原作时,读者跟作品和作者的交流。目前,并不是每个人都需要与外国人进行某种直接交流,但全球化和现代化是一个持续不断的进程,大多数人最终都有可能直接与外国人进行某种交流,国家教育政策的制定者把英语作为国民教育的一项基本内容以及把英语能力作为学生的一种基本素质来培养是有一定的依据的。

高等教育的各学科都要与国际学术接轨,只要接受高等教育,就有必要学习英语。至于完成学业步入社会之后从事什么工作,这些工作实际使用多少英语,那是另外一个问题。一个人的职业选择受到许多因素的制约,这些因素在很大程度上与学校教育和学术无关。既然高等教育现在要求人人学英语,为高等教育输送人才的基础教育也就必须开设英语课程。不可否认,一个人学习语言(包括外语)的最佳时机不是上大学时的青年时期,而是在青春期之前和青春期,即小学和初中阶段。

三、英语教学的重要性

(一)英语是当今世界上主要的国际通用语言之一

英语是当今世界上主要的国际通用语言之一,也是世界上最广泛使用的语言。据1986年的统计,世界上以英语为母语的人近4亿,差不多每10个人中就有一个人讲英语。英国、美国、加拿大、澳大利亚、新西兰等国家的人都讲英语。世界上约有20个国家把英语作为官方语言或第二语言使用,共计约有8亿人。也就是说,世界上差不多每五个人中有一个人至少在一定程度上懂英语。若加上世界各国中小学生学习英语的人数，学习英语的人就更多了。比如在日本，除了他们的本国母语——日语之外，英语是他们的第二语言。

（二）英语的使用范围非常广泛

全世界75%的电视节目是英语，四分之三的文件是用英语书写，电脑键盘是英语键盘，任何一个会议如果号称是国际会议，那么其会议工作语言就一定要用英语，英语也是联合国的正式工作语言。外贸行业也把英语作为通用语言，外贸交往、国际礼仪、书信函电、进出口文件，还有银行文件语言等，统统以英语作为标准通用语言。大多数国家的高等学府、大学院校，都开设英语语言文学专业，电脑和互联网建立在英语的基础上，这个行业的语言就是英语。此外，在医学领域、建筑领域、文学领域，都与英语有着极大的关联。

（三）国家发展和国际合作需要英语

中国在近几十年的确发生了翻天覆地的变化，各方面都发展得很快。但是，不容置疑的是，我们在很多技术方面仍然落后于西方发达国家。要发展，要进步，要在较短的时间内掌握各种技术，我们不可能单纯依靠自己搞研究，必须学习发达国家先进的技术，而学习的必要前提便是要掌握世界通用技术交流语言——英语。以计算机程序开发为例，虽然目前的计算机操作系统已经有中文版，但要进行应用程序开发，就必须学习英语，因为程序是用英语编写的。高新技术资料大部分也都是以英语编写。印度虽然在很多方面的发展比不上中国，但印度的软件开发业却比中国发达很多，造成这种差距的一个重要原因，就是印度程序员的英语应用水平普遍比中国程序员要高。

我们在学习别人先进技术、经验的同时，也需要与世界各国展开各种技术上和经济上的合作。如果不懂英语，便无法与合作方沟通交流，也更谈不上合作了。譬如某公司开发了一种具有世界水准的产品，如果能打开国际市场，前途将是一片光明。但偏偏公司人员不懂英语，无法很好地与国外客户沟通，无法将产品的优良性能展示出来，那么，该产品进入国际市场就成为泡影。学好英语这门语言，对于学生来说，还有如下好处：第一，从小打下良好的英语的听说读写的基础，对在相关企业处理复杂困难的英语问题大有裨益。第二，一旦毕业，选择英语类专业工作将使得我们的成功概率大为提高。比如，除了英语类专业之外，相关专业还有国际经济法专业、国际贸易类、商务专业、医学专业、国际政治专业、历史专业、考古专业、传媒专业、舞蹈专业、财务专业、文学专业、师范专业、数学专业、工程专业、电子专业、生物技术专业、软件和信息技术专业等,都离不开英语的学习或国外文献资料的查阅。没有良好的英语基础,在这些专业领域是不会取得重大建树的。第三,对于某些重点学校,或者与国外建立了友好交流关系的学校,只有那些具有英语优势的学生才有可能被录取参与交流活动。第四,英语作为中考、高考的必选重点科目,其科目得分的高低,直接影响到学生是否能在全班全年级占据优势,被名牌大学录取。第五,即使是有偏科倾向的学生,如果他的英语口语写作或者翻译有一技之长,将来即使没有考上大学,也会被社会广泛需要的,比如,从事翻译、口译、英语教师、幼儿园老师、外贸行业等。第六,语言好的学生,其右脑的智商相对更高,反应更灵敏,沟通更快捷易懂,给人的印象更深刻。在竞争激烈的社会中,更具优势,更容易得到机会。第七,如果将来你想出国,就不用在语言关方面花费很多金钱、时间和精力去补课,而是一站式通达国外,获得更多良好教育的机会,收到意想不到的效果。

第三节　英语教学法及其相关学科

英语教学法与教育学、语言学、心理学等学科有着密切的联系,这些学科被称为它的相关学科。英语教学法在它的发展过程中,不断从相关学科中吸收自己所需要的养分,应用相关学科的研究成果来充实自己。可以说,英语教学法的发展与它的相关学科的发展是紧密相连的。

一、英语教学法和教育学

教育学阐述教育知识、研究教育现象、探讨教育问题并揭示教育规律。英语教学属于教育范畴,教育学的原则、原理和方法对英语教学有着指导作用,并能在英语教学中得到应用。在研究英语教学法时,我们可以应用教育学的理论去处理教学中出现的问题。

教育目的、教育方针和培养目标从宏观的层面影响着英语教学,英语课的开设、开设的时数、开设的目的和要求无不受其制约和影响。在教育学中,教育要适应社会发展和学生发展的需要,这能帮助我们更好地理解历史上的各种教学方法是怎样因社会需要而发展起来的,同时,它们也可以帮助我们根据学生的年龄、心理和生理发展的特点选用适当的教学内容和教学方法。教育学中所论述的教学原则也能用来设计课堂活动，这些原则包括：科学性和思想性统一的原则、理论联系实际的原则、直观性原则、启发性原则、循序渐进原则、因材施教原则等。

在教育的过程中，教育学提出"教师主导，学生主体"的思想，它为我们正确处理教师与学生之间的关系，摆正教师和学生在英语教学中的地位提供了原则和依据。我们可以把这些原则应用于英语教学实践，建立尊师爱生、民主平等的良好的师生关系，积极创造良好的语言环境，调动学生的学习积极性并激发他们学习的兴趣，提高英语教学水平。

《现代教育学》中对课外教育活动的论述也给了英语教学有益的启示。在英语教学中，我们也应结合语言学习的特点，设计英语课外活动，以促进英语的学习。[①] 除了应用教育学的原理、原则之外，还可以应用教育测量的理论和方法进行测试命题和测试结果的研究，英语教学实验的设计、数据的处理，并对英语教学工作进行评估等。可以说，在英语教学实践中，我们需要应用教育学有关的原理原则和方法。

二、英语教学法和语言学

语言学是研究语言系统的科学，英语教学法是研究一种语言——英语的教学的学科，两者的研究都涉及语言，因此，它们之间必然具有密切的关系。在语言研究的领域里，理论语言学或普通语言学研究语言的一般原则和人类语言的特点反映了人们对语言的看法，可称为语言观。人们从各个不同角度对语言的探讨加深了人们对语言特点的认识。对语言不同的观点、不同的认识使人们在不同的时期、按照不同的社会需要创立了不同的英语教学法。例如，听说法、情景法是以结构主义语言理论为基础而建立起来的教学方法；认知法可以说是受乔姆斯基转换生成语言理论的影响而创立的教学方法。当然，不同英语教学方法的建立除了根据不同的语言理论外，还需依赖语言学习论。

除了普通语言学，语言学的其他分支对英语教学法也具有影响。描述语言学集中研究某一语言的系统、结构，向我们提供有关英语结构和规则的描述；英语语音学描述英语语音的特点、语音现象和语音规律；英语语法学阐述英语语法规则和英语的结构；英语词汇

---

① 陈坤华，彭拥军，陈杰. 现代教育学 [M]. 湘潭：湘潭大学出版社，2012.

学对英语的词汇特点作了详细的描述。这些语言学的分支能为英语教学研究提供丰富的材料，在选取英语教学内容方面，我们也可以从这些学科里得到原则和依据。

作为语言学的一个新的分支，社会语言学将语言作为一种社会现象进行研究，研究语言运用中不同的功能变体、文体（style）、语域（register）、话语范围（domain）和语码使用（code）。社会语言学唤起人们对语言得体性的注意，这一点对英语教学法也是有启示作用的：英语教学应重视培养学生使用得体语言的能力。英语教学法不仅与教育学、语言学紧密相连，而且由于它研究教与学的过程和教与学的规律，因此它还与心理学有着密切的关系。

三、英语教学法和心理学

心理学是研究心理现象的科学，它不但对构成认识过程的感觉、知觉、记忆、思维、想象进行研究，而且还对构成个性心理的因素：需要、动机、兴趣、能力、性格等进行探讨。英语教学是教师和学生之间的双向活动，心理学能帮助教师理解与认识教学过程中的心理现象，掌握学生的个性心理，能帮助教师认识学习过程的特点，遵照学习英语的规律，结合学生的个性特征，探索出提高英语学习效率的路径。

学习是心理学（特别是教育心理学）研究得较多的一个问题。不同的学者从不同的角度对学习进行了不同的实验，并提出了不同的学习理论。而英语学习是人们进行学习的一种活动，它同样受学习理论的影响。事实上，不同的学习理论，如斯金纳的操作条件反射论、布鲁纳的认知发现学说等，都在创建不同的英语教学法的过程中与不同的语言理论相结合，构成了不同的英语教学法的理论心理。语言学主要研究语言的学习和使用，即个体怎样理解、生成和获得语言。心理语言学中关于儿童习得语言特点的论述，如"儿童置身于语言环境是儿童习得语言的必要条件""语言的理解先于语言的生成"，为英语教学大纲中教学内容的制定、教学方法的设计以及第二课堂（课外活动）的开展提供了原则和理论依据。外语阅读的相互作用模式就是根据"图式理论"设计的外语阅读策略，而"图式理论"又是来源于德国的格式塔心理学派——一个很有影响的心理学派。这也说明了英语教学法与心理学及其分支学科之间的紧密联系。

四、英语教学法和哲学

英语教学法研究英语的教与学，在研究过程中，我们会碰到各种各样的现象和问题。要根据当时、当地的实际情况对现象和问题进行分析和探讨，就需要掌握认识和分析问题的方法。从这个意义上来说，学好马克思列宁主义的哲学体系，以它的世界观和方法论来武装自己，也是研究所需要的，因为这种世界观和方法论是最完整、深刻而无片面性弊病的关于发展的学说。

掌握马克思主义的世界观和方法论，有助于我们在研究英语的教与学时客观、准确、全面、辩证地研究教与学中的现象和问题，探讨教与学之间的关系，摸索教与学的规律。这样，才能按照学生的实际年龄与不同的心理特点、语言背景、个性，在不同的教学阶段按照不同的教学目标来制定不同的具体要求和教学方法；才能从实际出发，辩证地看待各个教学法流派，认识它们的长处，同时也摒弃它们的不足，并能按照教学实际，灵活地使用各种教学方法；也才能对国外学者的研究成果做实事求是的分析，并能按照自己的实际情况，运用他们的研究成果来进行自己按学生实际英语水平而设计的策略。

一些哲学家对语言的研究促成了哲学中的一个分支——语言哲学（Philosophy of Language）的产生。哲学家对语言的研究成果也作用于英语教学法。例如，哲学家格赖斯（Grice）提出了会话含意理论。在会话含意理论中，格赖斯提出了他的"合作原则"，并说明了组成此"合作原则"的四个准则，即质的准则、量的准则、相关的准则和方式的准则。格赖斯会话含意理论为我们在正确理解会话意义方面提出了原则性的意见。在英语教学中，应如何使用这些原则和准则，以达到更好地理解语言的目的，也是英语教学法要研究和探讨的问题。从这个意义上来说，哲学不但为英语教学法提供了研究的方法，还提供了对教学有启发作用的理论。

第三章 大学英语教学改革

大学英语教学是我国高等教育的重要组成部分,大学英语课程是大学生的一门必修基础课程,在人才培养方面具有不可替代的重要作用。社会和经济的发展对高等教育的人才培养模式也提出了新的要求和挑战。我国高校近年来日益认识到培养具有国际视野和国际竞争力的人才这一需求的紧迫性。培养具有专业知识和英语技能的高素质国际型人才,对我国的大学英语教学模式提出了新的要求,对大学英语教学改革的方向提出了新的挑战。

第一节 大学英语教学核心要素的特征及教学模式的转变

以教师为中心的知识传授教学模式转向以学生为中心的综合应用能力教学模式,既是"本真"的大学英语教学应有的承诺,也是信息技术飞速发展的必然结果。经过二十多年的快速发展,中国互联网已形成规模,应用走向多元化,人们在工作、学习和生活中越来越多地使用互联网。中国互联网络信息中心统计报告显示,中国网民规模跃居世界第一位。互联网已经凸显出重要作用,改变了人们获取知识的手段,以其不受时空限制的显著特征,对学校教育产生了巨大的影响。

网络庞大的信息资源和可接近性使信息流更直接地指向学生,学校教育中教师与学生的依存关系正在遭受严峻挑战,也必将发生根本性的改变。网络工具的介入,使学习者不再像过去那样必须通过他人的引导获得知识的学习,今天的学习可以是 24/7,即一周 7 天、每天 24 小时的学习,超越了时空限制,学习无时无刻、无所不在。计算机技术日新月异的进步使其功能有了跨越式的发展,在外语教学方面,已远远超出了辅助功能,逐步走向主导。大学英语教学的教材、时间、空间、媒介、学习者、教师等教学中的关键变量都将呈现出全新的特征,预示着大学英语课程教学网络环境的形成。在网络语言中,英语拥有独特的话语权地位,英语学习者拥有得天独厚的语言便利和可及性,这些使大学英语课程教学受到显著影响。大学英语课程教学中的学习者、教师、学习内容等核心要素被赋予了新的内涵,学习者正在形成一种新的心理空间和认知空间。同时,教师与学生角色的根本性变化对大学英语课程教学与理论研究也提出了新的更高的要求,英语教学首要的任务是"实现教学理念的转变,即实现从以教师为中心、单纯传授语言知识和技能的教学模式,向以学生为中心,既传授一般的语言知识与技能,注重培养语言运用能力和自主学习能力的教学模式的转变"。

一、大学英语教学核心要素的特征

在网络环境下,大学英语课程发展和教学出现了新的特征。计算机网络与外语课程的整合取得了外语教学三大突破:打破教材为知识唯一来源、创设理想的外语学习环境和改变传统的教学结构,课程不再是绝对规定性的,教师也不再是学生获得知识的唯一连接点。网络信息量极其丰富,但是零乱无序,不具备传统意义上的课程在内容范围和程序编设方面的确定性和良好结构。网络信息直接指向学生,学生成为学习的中心,他们可以"控制"学习媒介和"课程"的程序,可以自主选择学习的时间、地点和内容。学习成为非线性的和无连续性的。在网络环境下,大学英语课程教学中的学习内容、教师、学生等都被赋予了新的内涵。

(一)获取知识的渠道更广泛

在网络环境下,大学英语学习者接触的学习内容极其丰富繁杂,远远超出《大学英语课程教学要求》所规定的必修课程和选修课程的教材内容体系,延伸到与学生当下学习主题相关的影像资料以及从网络上获取的各种信息资源。网络信息和世界知识更直接地指向学习者,不再需要中间环节,学习者可以完全依据自己的兴趣、爱好和对自己未来设计的需要自主、自由地选择,重组再加工。网络所提供的超媒体、超文本信息,以及跨学科、跨时空和面向真实世界的链接,构建起了使学习者走出大学英语课堂、融入社会真实英语使用情境的内容体系,有助于实现学习内容与学生之间的双向强交互。因此,更好地体现了大学英语课程兼具的工具性和人文性,从而在结合大学英语课堂教学、巩固语言基础的同时,也成为学生拓宽知识领域、了解世界文化的素质教育课程。从构建课程的角度来看,网络为学生的探究性学习、创造性学习和问题解决提供了更为便捷有效的认知工具和认知空间。

(二)主体地位的淡化

随着学习内容的改变,大学英语教师的角色也相应发生了显著变化。与过去直接的语言知识传授、严格监控的教学活动模式相比,教师更需要通过设计重大语言学习任务或问题来引导学生学习和激发学生学习的积极性,隐藏或淡出自己的中心地位,帮助学生成为学习的主体,并设计真实、复杂和开放性的语言学习环境与问题情景,激发、驱动并支撑学习者探索、思考与解决问题的活动。

教师的"中心转向"及其责任之一就是改变教学过程中的绝对主导者角色,转变为学生自主学习、自我思考、自我发现的促进者、组织者和指导者,帮助学生理解不断变化的环境和自己,最大限度地发展他们的潜能。以学生为中心,强调用真诚、信任和理解的根本原则,重视学习方法。因此,教师要充分信任学生,对学生的任何具有独立性的思想与感情都应给予鼓励和认可,相信他们能够充分发挥自己的潜能。尊重和理解学生的内心世界,使学生获得安全感和自信心,获得真实的自我意识。

教师中心地位的隐藏或淡化并不意味着教师中心地位的丧失。相反,在传统教学模式向网络背景下的大学英语课程教学转型之际,借助操作简单、功能强大的网络搜索引擎,教师具备了成为学校课程发展领导者的机会。随着越来越多的大学英语教师和大学英语学习者走向"键盘",大学英语教师有了更为广阔的调用网络资源的发展空间,进而发挥新的教学指导作用:超越时空地以超文本的形式与学生在线直接交流,随时随地帮助解决学生学习中遇到的各种问题。

根据特定目标和特定学生设计不同的网络课程任务,对学生进行有针对性的"因材施教",依据问题、兴趣、需要等,整合不同的主题,建立跨学科的联系。引导学生在网上"畅游"世界,开阔眼界,以亲身的探索经历构建坚实的图式基础。引导学生通过网络培养阅读、听说、写作等技能,强化批判性、创造性等高阶思维能力。将娱乐性、参与性强的网站引入教学内容之中,激励和刺激学生"人机互动",寓教于乐。在现实的语言体验中内化语言知识,并不断提高语言综合应用能力。

(三)学者主体地位的凸显与学习者意义的建构

中外学者历来都十分重视学生的学习,认为学生的学习对于掌握知识、形成技能、发展智力、培养能力、养成品德、塑造性格具有积极的意义。中国古代关于学习过程最为典型的理论有五阶段论,即"博学之,审问之,慎思之,明辨之,笃行之"(《礼记·中庸》)。现代西方学者侧重突出学习者心理在学习中的作用。行为主义的学习理论强调学习刺激与反应的联结,主张通过强化模仿来形成与改变学习者的行为;认知主义的学习理论强调学习是认知结构的建立与组织的过程,重视整体性与发现式的学习;人本主义的学习理论(以罗杰斯"以学习者为中心"的学说为代表)强调学习是发挥人的潜能、实现人的价值的过程,要求学生愉快地、创造性地学习。当代的多元智力理论所倡导的是一种积极的学习观,认为人的智力是由分析性、创造性和实践性三个相对独立的能力方面组成的,绝大多数人在这三方面的表现不均衡,个体智力上的差异主要表现在这三个方面的不同组合上。每个学生都有自己的优势,有自己的智力领域以及自己的学习类型和方法。建构主义学习观认为,每个学生都不应当等待知识的传授,而应基于自己与世界相互作用的独特经验去建构自己的知识并赋予经验以意义。它强调学习的积极性、建构性、积累性、目标指引性、诊断性与反思性、探究性、情景性、社会性以及问题定型学习、基于案例的学习和内在驱动的学习,等等。学习是个体建构自己的知识的过程,以现有的知识经验为基础对新信息进行编码,建构自己的理解,"生长"出新的知识经验,并在信息积累的过程中,不断对新、旧知识经验的冲突引发的观念转变进行结构重组。由于经验背景的差异,学生对问题的理解常常各异,在学生共同体之中,这些差异本身便构成了一种宝贵的学习资源。学习者所需要的更多的是可以增进他们之间合作的机会,整合不同的观点进而促进学习的有效进行。

在网络环境下,大学英语学习者所担任的不再是某一种单一的角色,而是各种角色的综合。学习者在人格上获得了与教师平等的主体地位,成为能"充分发挥作用的人",他们的学习是主动的,不再是被动的刺激接受者,而成为教与学的主体,是信息加工与知识的主动建构者,通过网络媒体创造的学习环境,按照自己的需要调节内容呈现的形式和进度。通过网络工具,他们可以有效地控制自己的学习过程,在寻求理解的过程中进一步生成新的学习动机,自己决定信息的关联程度。要求课文只给出"大观点"的结构,期望情景性的评价机制。随着学习者在大学英语学习过程中的独立性、自主性和创造性主体地位的提升,在现实语言的交往中,自身的语言知识经验得以有效"生长",学习的意义也同时得到合理的建构。

二、大学英语教学模式的转变

网络环境下大学英语课程教学内容、教师和学生地位的变化,尤其是由以教师为中心向以学生为中心的转变,必然要求对教学方法也予以重新审视和反思。从源于古希腊苏格拉底和柏拉图的哲学取向的教学理论,到19世纪初赫尔巴特现代意义上的教学理论在哲学取向或心理取向上的分野,在教学方法上的主张一直都是以讲授法占据主导地位。讲授法是教师通过口头语言向学生系统地传授知识的方法,包括讲述、讲解、讲演三种基本方式。这种基于知识和以教师为中心的教学方法曾在历史上发挥了重要作用,产生了巨大影响,即使在今天的大学英语教学中,仍然在部分地区沿用。

当代教学理论在教学方法上对讲授法加以改造，注重学习的心理因素。行为主义的教学方法把刺激——反应作为行为的基本单位，认为教学的艺术在于如何安排强化，程序性设计教学方法，严格遵循逻辑程序，目的是保证学生在学习中把错误率降低到最低限度。认知主义倡导发现法，强调学习过程、直觉思维、内在动机和信息的加工和提取。人本主义重视教师的促进作用，帮助学生构建意义学习，鼓励学生全面参与、自我发起、自我评价。建构主义要求把所有的学习任务放置于较大的任务或问题中，重视学习者发展对整个问题或任务的自主权。建构主义教学方法首先是设计支持并激发学习者思维的学习环境，鼓励学习者根据可替代的观点和背景去检验自己的观点，提供机会并支持学习者对所学内容与学习过程的反思。

上述教学方法都是基于知识传授的方法。随着网络时代的到来，大学英语教学范式的设计需要考虑一系列新的变化：以教师为中心向以学生为中心的转变、单一意义刺激向多意义的转变、单一路径向多路径的转变、单一媒体向多媒体的转变、个人学习向合作学习的转变、知识传授向信息交流的转变、被动学习向互动和主动参与学习的转变、事实记忆向研究型和探究型学习的转变以及孤立人为语境向真实世界语境的转变等。

对这一社会变革力量我们不能采取"等等看"的态度。这不是一个网络"是否"会改变大学英语课程教学的问题，而是"如何"和"何时"改变的问题，"何时"即"现在"。构建大学英语课程教学新的规范势在必行。基于上述分析，大学英语教学"中心转向"几个基本的原则是：学生和教师都将同时成为学习者；大学英语课程教与学的过程将会是互动的和多向的交流过程，而不是单向的知识传递；教学手段是多媒体的；网络将得到更为广泛的应用，学习资源以多媒体的形式呈现，教学手段趋向多样化；学生自己决定学什么和怎么学去构建自己的知识，不再是被动接受性学习。

教师的主要角色将是引导者（guide）、指导者（mentor）和辅导者（tutor），而不仅仅是经验型的。学习需要一套基本的学习技能，包括对新技术的应用能力和认知以及元认知技能。学习环境必须彻底重新构建。大部分学习经历将指向现在或将来，而不再指向过去。学习者考虑更多的将是自己未来的设计，知识的学习和技能的培养与未来有更为密切的关系，并在学习中得到充分体现。对学生的评价应是连续的和发展的，而非一次性和完全标准化的。为此，大学英语课堂教学也应予以重新设计。在网络环境下，以计算机为核心的现代教育技术、教学内容、教师、学生应构成一个生态化的大学英语教学环境，教师与学生在整合的教学情境中相互作用、相互补充、相互转换，充分发挥教师和学生在教学中的积极作用。当前比较理想的有效教学整合可以设计为下述八种：以事实、表征形式，规则、实践等活动实现知识习得、操作、模型目的的"基于内容的教学方法";以故事、未知内容作为活动形式实现语言意识、语言兴趣的"基于技能的教学";以"大观点"熟悉度、文本组织为教学活动内容实现文本理解、信息联结的"探究教学法";通过合作活动、小组活动等师生间、生生间互动发展社会技能的"基于概念的学习法";围绕当前事件设计教学活动内容,达到在不同学科间共享决策目的的"学科间渗透教学法";针对未来事件拟定教学内容和课堂内外教学活动以提高学生分析问题、解决问题能力的"合作学习法";引导学生在接触学习内容时充分自由想象,逐步形成对新知识和表征形式的建构的"批判性/创造性思维教学"。

大学英语教学模式的转变,目的是促进大学英语学习者个性化学习方法的形成及自主学习能力的发展。大学英语学习者主体地位的取得,使其由被动的刺激接受者走向更加主动的有效学习,去生成自我语言知识,建构自我意义,成为教学活动的中心。以学生为中心大学英语教学模式的转变是学习者主体地位得以显现和持续的保障。

第二节 大学英语教学改革的方向

一、ESP 的概念、特征和目的

ESP 是 English For Specific/Special Purposes(专门用途英语)的缩写。国内著名 ESP 教学专家卢思源认为:"ESP 是应用语言学的一个分支,它是指专为科技人员和商贸工作者的某些特殊需求而设计的英语教学方法和教材。""ESP 指与某种特定职业或学科相关的英语,例如,警察英语、护士英语、科技英语、商务英语、医学英语、法律英语等"。任荣政和丁年青认为"ESP 指与特定职业或学科相关的英语,如法律英语、医学英语等"。尽管以上学者对 ESP 概念的表述不完全相同,但是我们可以从中归纳出两个共同特征:(1)ESP 和某种职业或学科紧密相连;(2)ESP 的学习者有明确的目的。

1985 年 4 月,ESP 教学专家彼得·史蒂文(Peter Strevens)在斯里兰卡 ESP 国际研讨会上曾指出:ESP 有四个根本特征(absolute characteristics)和两个可变特征(variable characteristics)。ESP 的四个根本特征是:(1)需求上,课程设置必须满足学习者的特定需求;(2)内容上,与特定学科或职业相联系;(3)语言上,适合相关专业或职业的句法、词汇和语篇;(4)与通用英语(EGP)形成对照。ESP 的两个可变特征是:(1)可以只限于某一种语言技能的培养(如阅读技能或口语交际技能);(2)可以根据任何一种教学法进行教学。纵观国内外学者有关 ESP 的概念，不难看出，ESP 是一种行之有效的教学途径，它是以应用语言学的理论为依据，以学生的特殊需求为出发点制定教学目标、教学内容和教学方法，其目的是培养和提高学生在所学专业领域用英语进行学习和交流的能力，在所从事的行业里用英语从事工作和沟通的能力。简单来说，就是培养学生用英语完成任务的能力，突出英语的工具性。

二、ESP 的分类

根据不同的标准，ESP 有不同的分类法。目前国际上比较著名的是乔丹（Jordan）根据使用目的所做的两分法（图 3-1）和哈钦森和沃特斯（Hutchinson & Water）依据学科门类所做的三分法（图 3-2）。

从下图可以看出，乔丹按照使用目的把 ESP 分为以满足职业需求为目的的职业英语（EOP）和以学术研究为目的的学术英语（EAP），学术英语又进一步分为通用学术英语（EGAP）和专用学术英语（ESAP）。而哈钦森和沃特斯则是按照学科门类把专门用途英语（ESP）分为科技英语（EST）、商务英语（EBE）和社科英语（ESS）三大类。它们又分为职业英语（EOP）和学术英语（EAP）。Jordan 的二分法较三分法更为简洁。

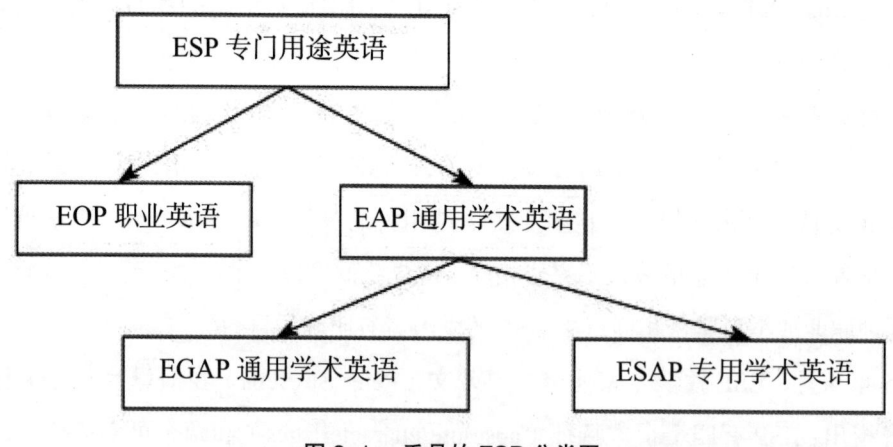

图 3-1　乔丹的 ESP 分类图

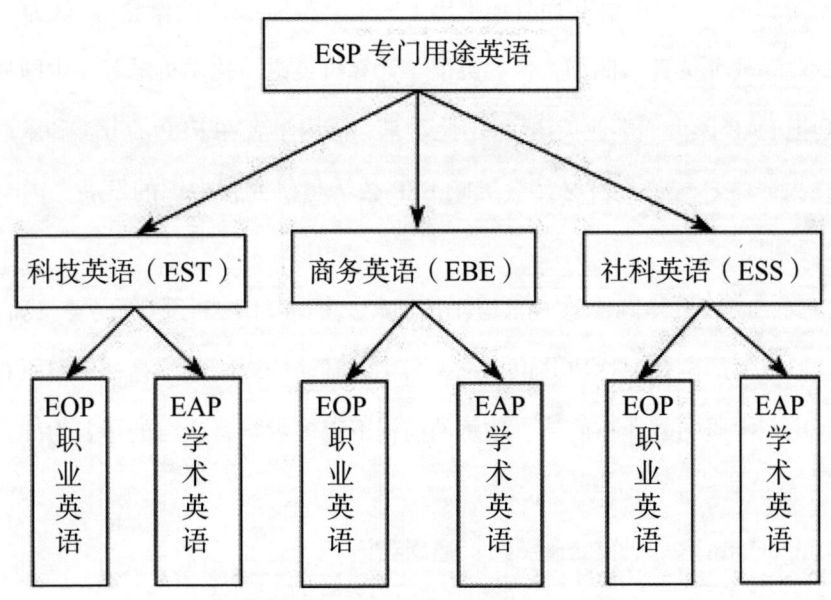

图 3-2　哈钦森和沃特斯的 ESP 分类图

国内学者在专门用途英语（ESP）的分类上分歧很大，有的甚至截然相反。蔡基刚、冯建中、李建平都赞同乔丹的两分法①。文秋芳虽然采用三分法，但是她的三个分类是：职业英语（EOP）、学术英语（EAP）和学科英语（EDP）。② 而王丽娟的分类则截然相反，她认为，通用英语（EGP）和专门用途英语（ESP）都归属于学术英语（EAP）③；夏纪梅认为，商务英语（EBE）、职业英语（EOP）、科技英语（EST）、某专业英语（E…P）等，其实都属于学术英语（EAP）。④

此外，国内学者对 ESP 一些术语的翻译也不一致。2010 年，蔡基刚把 EGAP、ESAP 和 EOP 分别译为"学术英语""专业英语"和"行业英语"，并把这三门课程之和称为 ESP"专门用途英语"。在同一年的另一篇文章中，蔡基刚又把 ESP 译为"学术英语"，把 EAP 译为"一般学术英语"。2012 年，蔡基刚把 ESAP 译为"特殊学术用途英语"。2014 年，蔡基刚把 EAP 译为"学术英语"，把 EGAP 和 ESAP 分别译为"通用学术英语"和"专门学术英语"。夏纪梅把 EGAP 译为"通用性学术英语"，把 ESAP 译为"专业性学术英语"。

---

① 蔡基刚著. 中国大学英语教学路在何方 [M]. 上海：上海交通大学出版社, 2012.
② 文秋芳著. 英语学习的成功之路 [M]. 上海：上海外语教育出版社, 2003.
③ 黄际英, 侯丹, 王丽娟选编. 博学英语·英美影视欣赏 [M]. 上海：复旦大学出版社, 2006.
④ 夏纪梅编著. 运用英语的技巧 [M]. 广州：中山大学出版社, 1992.

文秋芳把 ESP 译为"专用英语",而且还提出了一个"学科英语"的概念,并认为"学科英语"更适合由专业课教师负责,例如,生物英语、计算机英语、化学英语等。中国战略研究中心的沈骑则把 EAP 译为"学业英语"。由此看来,国内学者在 ESP 的分类和术语的翻译上还存在着很大分歧。这些分歧必然会影响 ESP 教学与研究在中国的发展,影响大学英语教学目标的实现。

那么,到底应该怎样翻译这些术语?按照什么标准对 ESP 进行分类?我们认为学术界应该在这些术语的翻译上达成共识,统一名称。翻译的原则应该是:保留原有约定俗成的译名,新出现术语的翻译在简洁、达意的前提下以多数学者认可的译名为准。我们的译文如下:

EGP(English for General Purposes):通用英语

ESP(English for Specific/Special Purposes):专门用途英语

EOP(English for Occupational Purposes):职业英语

EAP(English for Academic Purposes):学术英语

EGAP(English for General Academic Purposes):通用学术英语

ESAP(English for Specific Academic Purposes):专用学术英语

从文秋芳对"学科英语"的解释来看,她提出的"学科英语"就是传统的"专业英语",我们译为 SBE(Subject-based English)。

如前所述,不同的标准带来专门用途英语(ESP)的不同分类。如果从纯学术研究的角度对 ESP 进行分类,那么分类越细越好。因为只有这样,才能把不同语体、不同类别英语的特点研究透彻,辨别清楚。但是从大学英语教学的角度来看,我们认为不宜分得过细,应该按照目的性、简洁性、可操作性三个标准对 ESP 进行分类。目的性是指分类要有利于大学英语教学目的的实现;简洁性是指分类要简洁明了,清楚易懂;可操作性是指分类要切实可行,易于操作。因此,我们的 ESP 分类如下(图 3-3):

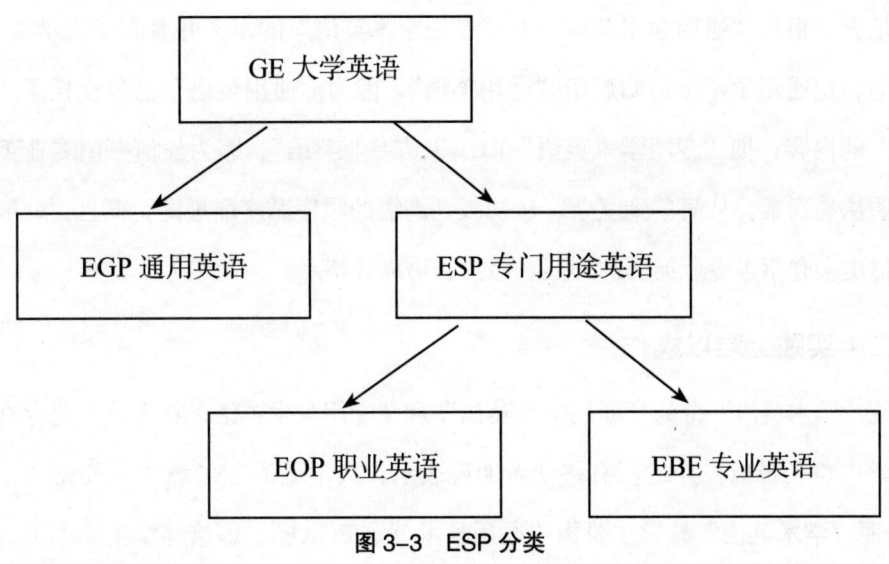

图 3-3　ESP 分类

之所以没有把 ESP 中的"学术英语"再细分为"通用学术英语"和"专用学术英语"的理由如下：

(一)理论上缺乏依据

国内学者把学术英语（EAP）分为通用学术英语（EGAP）和专用学术英语（ESAP）。其根据是国际上颇有争议的"ESP 语言共核理论"。该理论的倡导者认为："在不同学科中使用的语言具有共同的推理和解释过程，存在一种既有科学性但又不属于任何专门学科的语言共核。"他们主张打破专业界限，以专门用途英语（ESP）交际的一般规则和通用技巧为主要授课内容。反对"ESP 语言共核理论"的学者则强调，即使是报告、讲座等常见体裁在不同学科环境下也具有显著的表达差异，因此，提倡更有专业性、针对性的 ESP 教学。而学者 Hyland 利用语料库数据，最终证明后一种观点是正确的。各个专业都有自己独特的知识体系和专业术语，即使一个"共核词汇"，在不同的专业中，其词义也大不相同。所以我们认为，各学科共有的"ESP 语言共核"实际上是不存在的。如果存在，它和"通用英语"的分界线又在哪里？"通用英语"和"专门用途英语"之间的分界线难以准确把握。

"通用学术英语"侧重各学科在英语中共性的东西，即培养学生在专业学习和研究中所需要的学术英语口语交流能力和学术英语书面交流能力；"专用学术英语"侧重特定学科（如医学、法律、工程等学科）的词汇语法、语篇体裁以及对工作场所英语交流策略和技能的培养。根据"通用学术英语"和"专用学术英语"的定义并着眼于大学英语教学，我们认为，把通用学术英语归属于"通用英语"，因为"通用英语"已经囊括了"通用学术英语"的内容；把"专用学术英语"归属于"专业英语"，因为任何一门专业英语课程都是按照从易到难、从简单到复杂、从初级到高级的顺序循序渐进的。而且，一般的专业英语教材也会介绍本专业英语的词汇、语法、语篇等特点。

（二）实践上难以操作

即使"学术英语"分为"通用学术英语"和"专用学术英语"在理论上是存在的，在实际教学中也是难以操作的。有些学者明确表示，大学里的 ESP 教学主要是"学术英语 EAP"。而"学术英语"教学主要指"通用学术英语 EGAP"，即培养学生学术英语的交流能力，如用英语听讲座和记笔记的能力，搜索和阅读文献的能力，撰写文献综述、摘要和小论文的能力，以及表达信息的陈述演示能力等。由此推理，大学英语教学的主要内容是"通用学术英语"，而不是"专用学术英语"。那么，是不是学习了"通用学术英语"之后，学生就可以阅读专业英语了？如果不行，我们是否还要给学生开设"专用学术英语"课程？在课程设置上搞两个学术英语：学术英语 1（通用学术英语）和学术英语 2（专用学术英语），显然很难操作的。文秋芳在《大学英语中通用英语与专用英语之争：问题与对策》一文中说："本节中所用'学术英语'等于《上海参考框架》中的'通用学术英语'，不包括'专用学术英语'。"上文谈到，文秋芳对 ESP 的分类只到"学术英语"这一级，没有再细分为"通用学术英语"与"专用学术英语"。从大学英语教学的角度看，她这样做肯定是有道理的。实际上，通用学术英语的教学内容完全可以融入通用英语教学中。通用学术英语的"阅读学术文献能力"可以通过通用英语的阅读课来培养，通用学术英语的"撰写论文能力"可以通过通用英语的实用写作课来培养。

其实，在教学实践中是教授"通用学术英语"还是"专用学术英语"，是各国 EAP 实践者们长期争论不休的问题。Jordan 曾试图用经济学专业英语教材教授学生，但以失败告终。因为他发现这些 ESP 学员的专业知识虽然达到了一定的水平，但他们的英语水平却不高，从而影响了 EAP 教学。此外，EAP 课堂的学生通常来自不同的专业，任何一门专业的教材都很难适合所有学生的要求。

三、ESP 教学能否成为大学英语教学改革的方向

要回答 ESP 教学能否成为大学英语教学改革的方向这一问题，首先要明白 ESP 教学能否帮助我们实现大学英语的教学目标。那么，大学英语的教学目标是什么？

2021 年颁布的《大学英语课程教学要求》指出：大学英语的教学目标是培养学生的英语综合应用能力，特别是听说能力，使他们在今后学习、工作和社会交往中能用英语有效地进行交际，同时增强其自主学习能力，提高综合文化素养，以适应我国社会发展和国际交流的需要。

大学英语课程不仅是一门语言基础课程，也是拓宽知识、了解世界文化的素质教育课程，兼有工具性和人文性。工具性要求与专业相结合，培养学生专业英语的综合运用能力。人文性帮助学生了解西方文化，开阔视野，扩大知识面，加深对世界的了解，借鉴和吸收外国文化精华，提高文化素养。由此看来，大学英语教学有两大目标：（1）帮助学生打下扎实的语言基础，提高文化素养；（2）培养学生的英语综合应用能力，为社会发展和国际交流服务。第一个目标的实现有赖于通用英语教学，而第二个目标的实现有赖于专门用途英语教学。所以，我们认为大学英语教学改革的方向既不是通用英语，也不是专门用途英语，而是通用英语＋专门用途英语。理由如下：

（一）二者相辅相成，相得益彰

很多外语教育专家都认为，通用英语和专门用途英语是相辅相成、相得益彰的，共同构成大学英语教学的内容。EGP 教学是基础，ESP 教学是提高。只要打下了坚实的 EGP 基础，ESP 的学习效率就会大大提高；反之，如果通用英语的基本功不过硬，只熟悉了一些专业术语，专门用途英语也很难学好。章振邦认为："专业外语必须建立在普通外语的基础上，否则就会成为无源之水、无本之木。学好普通英语是掌握专业英语的必要条件。"学习英语没有任何捷径可走，总想找捷径的人是永远学不好英语的。要想学好必须定下心来打一场持久战。不要忙于对口（学专业英语），如果基础没有打好甚至还没有入门，就想学好专业英语是绝对不可能的。卢思源说："ESP/EST 是种应用英语，应该与'通用英语'享有同等的地位，并与之一起构成我国外语教学与研究的主流。"

（二）有利于培养既懂专业又通外语的社会主义建设人才

EGP 教学是以教授一般语言技能为目的的课程。其目的是培养学生扎实的语言基本功，掌握英语的"语言共核"，为专业英语学习做准备，提高学生的人文素养，扩大学生的知识面，帮助学生树立正确的人生观和价值观。而 ESP 教学则是使学习者在某一专业或职业上的英语知识和技能实现专门化的应用性课程。它将专业知识学习与语言技能训练融为一体，具有较强的针对性和实用性，有助于培养学生的英语综合应用能力，尤其是在自己的专业领域用英语进行交际的能力。ESP 与 EGP 并不是相对立的两个部分，而是紧密相连的，ESP 培养学生的学术素养，EGP 培养学生的人文素养。在整个英语教育体系中，它们是为同一个教学目标而构建的两个层面，是一个语言连续体的两端。事实上，两者都具有词汇、句法、语篇等层次上的语言共核部分。两者在时间上有先后，在内容上却相互融合。因此，大学英语教学只有把 ESP 教学和 EGP 教学有机地结合起来，才能培养出大批既懂专业又通外语的社会主义建设人才。

（三）有利于提升大学生的人文素质

当今科学技术的发展越来越迅速，专业分工越来越细，尤其是进入网络时代，知识和资讯呈爆炸性增长，客观上要求人才要从"广而泛"转向"专而精"。从国家和社会发展层面看，中国作为一个后发新兴经济体，建设与发展任务十分艰巨，亟须大批各行各业的人才，服务于富国强民的国家战略。作为高等教育重要组成部分的大学英语教育必须融合 EGP 教学和 ESP 教学，两者在培养人才方面发挥着不同的、不可替代的作用。ESP 课程注重培养学生的工具性，而 EGP 课程注重培养学生的人文性。EGP 教育本身不是实用性、专业性、职业性的教育，它不仅是一种培养学生英语语言基本功的教育，正如上海交通大学徐飞所言："它更是一种人本教育，它会使人活得更明白、更高贵、更有尊严，强调培养的是全人而不是工具人、手段人，旨在引导学生形成正确的世界观、人生观、价值观。"所以，EGP 教育有利于提升大学生的人文素质。

本节在分析、研究、总结学者们相关研究成果的基础上，进一步探讨了 ESP 教学与大学英语教学的关系，论证了大学英语教学改革发展的方向。我们认为，用 ESP 教学完全代替大学英语教学是不合适的。大学英语教学改革的方向应该是通用英语（EGP）+专门用途英语（ESP）。

第四章　大学英语教学理论基础与创新融合

　　大学英语教学应该是一种启发性质的教学，学生在教师的指导下，可以选择相应的专题进行分析与探索，大学英语的教学应以教学材料为载体，不断增加丰富的文化背景知识。任何一项教学活动的改革都需要有先进的指导思想作为保障，大学英语创新教学的前提就是要在教学思路上做出重大的变革，通过将英语理论基础与创新理念相融合，实现良好的教育效果。

第一节　大学英语教学理论基础

一、大学英语教学的基本原则

（一）交际性原则

　　语言是交际的工具，人们主要通过语言来交流思想、传递信息。交际是在特定的语境中，说话者和听话者、作者和读者之间的意义转换。学习英语的首要目的就是使用英语进行交际，而英语教学的首要目标就在于培养学生的交际能力。交际能力的核心就是能够运用所学的语言知识在不同场合下与不同的对象进行有效的得体的交际。因此，我们在大学英语教学中首先要贯彻交际性原则，使学生能够运用所学的英语知识与人进行交流，要在教学过程中努力做到以下几点：

1. 充分认识英语课程的性质

　　英语课首先是一种技能培养型的课程，要把语言作为一种交际的工具来教、来学、来使用，而不是把教会学生一套语法规则和零碎的词语用法作为英语教学的最终目标，要使学生能用所学的语言与人交流，获取信息。在教学过程中，教、学、用三个方面构成一个有机的相辅相成的统一体，其中的核心在于使用。因此，教师转变以往陈旧的教学观念，明确课程的性质，是落实交际性原则首先需要解决的问题。

2. 创设情景，开展多种形式的丰富多彩的交际活动

语言是交际的工具，而交际的发生总是处于特定的情景之中。情景包括时间、地点、参与者、交际方式、谈论的题目等要素。在某一特定的情景中，讲话者所处的时间、地点以及本人的身份都制约着说话的内容、语气等。因此，在基础英语教学中，要把教学的内容置于一种有意义的情境之中。同时，在一定的情境中学习英语，可以使学生身临其境，提高学习英语的兴趣。因此，大学英语教学活动要充分考虑交际性的特点，结合教材的内容，尽量利用各种教具，创设与学生生活密切相关的各种情境，进行真实或逼真的英语交际训练活动。这样不仅使学生学得有兴趣、有成效，而且能够真正做到学用结合。

3. 注意培养学生语言使用的得体性

大学英语教学的首要目标在于培养学生进行有效交际的能力，传统的英语教学只偏重语法结构的正确性，而根据交际性原则，学生要具备良好的交际能力，需要在适当的时间、适当的地点，以适当的方式，向适当的人，讲适当的话。这一点与上面一点密切相关，创设情境，开展多样的交际活动，课堂游戏、讲故事、猜谜语、编对话、角色扮演、话剧表演、专题讨论或者辩论等，都有助于学生在创设的情境中充分表现自己，从而掌握地道的语言。

4. 精讲多练

大学英语课堂的工作不外乎讲和练两种，前者是指讲授语言知识，后者是进行语言训练。在课堂上，适当地讲授一些语言知识是必要的，可以提高学生学习的效果。这就如同学习游泳一样，在下水之前，教师讲解一些注意事项、游泳的动作要领，有助于提高学生在水里训练的效果。但是，英语首先是一种技能，技能只有通过实际训练才能获得。因此，教师必须清楚，讲解的目的在于帮助学生更好地训练。在语言训练过程中，要针对学生的具体问题给以"画龙点睛"式的点拨。这不仅有利于学生语言交际能力的培养，还有助于学生养成良好的学习与思维习惯。在进行必要的讲解之后，要给学生留出足够的训练时间。

5. 注重教学内容与教学活动的真实性，贴近学生的生活

语言与实际生活密切相关，教学活动的设计与教学内容的选择一定要考虑这一因素。在大学英语教学中，要把语言和学生所关心的话题结合起来，要为学生提供充足的、内容丰富的、题材广泛的、贴近学生生活的信息材料。另外，教学内容的真实性还要求教材的语言和教师的语言是真实的。

（二）兴趣性原则

1. 鼓励学生树立学习英语的信心

信心对于做任何一件事情来说都是很重要的，好的开始是成功的一半。教师应根据学生水平的不同制定不同的学习任务。这里要注意几点：(1) 设置任务难度是否恰当。在现今大学体系下，学生的分班都是根据入学的专业不同而分在不同的班级，这样势必会带来每个班中学生的英语水平分层化，教师分配任务时就必须考虑到学生水平的差异性。当学生多数情况下都能较好地完成教师分配的任务时，自信心也就自然地得到了提升。(2) 教师布置任务时，一定要提前仔细揣摩细节，要做到布置的任务下达到学生，学生能明白他们要做什么任务。在大学英语教学过程中，教师一定要摒弃随意布置任务的想法，每次任务都是学生提高能力的一次机会，教师一定要重视。多用鼓励性、肯定性的评价，让学生体会到学习英语的成就感。通常情况下，当学生完成任务后，都希望得到教师的肯定。这样，一是学生会感觉到付出获得了应有的回报，二是肯定了学生完成任务的能力。教师要善于发现学生的闪光点，容忍学生在学习过程中的错误，对学生的评价以表扬和鼓励为主，这样就会更容易调动学生的积极性，帮助学生树立学习自信心，对部分有困难的学生，教师更应该加倍留心观察，及时发现他们的努力成果，加以表扬激励。

2. 培养学生对英语学习的兴趣

教师要改变传统的教学观念。传统的教学观念是把知识看成定论，把学习看成是知识从外到内的输入，同时低估了学生的认知能力、知识经验及其差异性，并在教学中表现出过于简单化的倾向。传统的教学观念缺乏互动性，是一个强调由教师教什么到学生学什么的单向过程，而忽视了学生掌握程度的反馈。英语作为一门语言，是一种互动性的工具，自然在互动的场合下更容易掌握；同时，语言的学习又必须强调学习者的认知能力和能动性，所以使用传统的教学观念来对英语进行教学，收效甚微。在大学英语教学中，必须摒弃传统的教学观念。低估学生的认知能力和忽视学生的信息反馈，必定使得学生产生倦怠感，更无从谈兴趣了。英语既然是一门语言，那么就要强调表达。多采用互动的教学模式，最大限度地鼓励学生去表达。

语言的主要功能是交际，人们应用语言来达到交际的目的。可以从以下几个方面来呈现互动教学：(1) 采用做游戏的方式。游戏作为一种最轻松的方式，能营造出欢快的气氛，在这样的环境下，更容易让学生感觉到学习是和娱乐联系在一起的，可以极大地提升学生学习英语的兴趣。有了兴趣后，学生就更乐意去表达，去学习英语。（2）演讲方式。演讲是最综合的互动方式，它既涉及书写部分，也涉及表达部分，并能让学生体验到在严肃场合的感觉。当然，演讲方式对学生个体的要求比较高，可以考虑由一组学生一起来完成。这样，既可以让基础好的学生得到提升的空间，又可以让基础差些的学生产生强烈的荣誉感（不过必须合理地分配组内各个学生的任务），共同提升对英语学习的兴趣。（3）多参加英语角活动。英语角已经是当今大学体系中的重要部分，它可以是以班级分的，也可以以学院分，甚至有的学校全体学生都可参加。英语角的活动对于学生来说是最接近自己生活的，他们可以在那里畅所欲言，用英语自由表达，不需要顾及太多其他因素。英语角是最能提升学生口语水平和交际能力以及英语兴趣的场所。教师要鼓励学生多去参加，必要时可以带领部分学生去参加，并将此活动纳入一定的加分体系中。

（三）灵活性原则

1. 教学方法的灵活性

在英语教学史上，曾经出现了许多种不同的教学方法和流派，例如，语法翻译教学法、视听教学法、交际教学法，等等，每种方法都有其自身的优势与不足，教师应该兼收并蓄，集各家所长，切忌拘泥于某种所谓流行的教学方法。英语教学包括语言知识和语言技能两个方面，语言知识包括语音、词汇、语法等内容，不同的语音、不同的词汇、不同的语法项目都具有不同的特点；语言技能包括听、说、读、写、译等几个方面，其中又包括许多微技能。而学习者的个体差异也是很大的。因此，在英语教学过程中，要综合学生特点、教学内容以及教师自身的特点，创造性地开展多种多样的教学活动，充分体现教学方法的多样性和创新性，使英语课堂活泼有趣，从而激发学生学习英语的热情，挖掘学生的潜能。教学的内容也要体现多样性的原则，不仅要教授英语知识，还要讲授学习方法，结合英语教学教会学生如何做人。

2. 学习的灵活性

教学方法和教学内容的灵活性可以有效地带动英语学习的灵活性。要努力改变以往单纯地死记硬背的机械性学习方法，帮助学生探索合乎英语语言学习规律和符合学生生理、心理特点的自主性学习模式，使学生能够自我导向、自我激励、自我监控；将静态、动态相结合，基本功操练与自由练习相结合；单项和综合练习相结合。通过大量的实践，使学生具有良好的语音、语调、书写和拼读的基础，并能用英语表情达意，开展简单的交流活动，提高听、说、读、写、译等综合运用语言的能力。

3. 语言运用的灵活性

英语学习的关键在于运用，教师要通过自身灵活地运用英语来带动与影响学生使用英语。教师应尽可能多地用英语组织教学，用英语讲解，用英语提问，用英语布置作业，等等，使学生感到他们所学的英语是活的语言。英语教学的过程不应只是学生听讲和做笔记的过程，而应是学生积极参与，运用英语来实现目标、达成愿望、体验成功、感受快乐的有意义交际的活动过程。另外，教师还可以通过灵活性的作业布置使学生灵活地使用英语。作业的布置应侧重实践能力，如，可以让学生用语音录制口头作业，让学生轮流进行值日报告，陈述和评议时事、新闻等。

（四）输入输出原则

所谓输入是指学生通过听和读接触英语语言材料，所谓输出是指学生通过说和写来进行表达。心理语言学研究表明，输出建立在输入的基础之上。在此意义上，输入是第一位的，输出是第二位。首先，在学生学习英语的过程中，能理解的东西总是比能表达的要多。换而言之，学生所能听懂的，永远比能说的要多。学生能欣赏小说、散文、诗歌等优秀的文学作品，但学生并不一定能写得出来。另一方面，语言输入的量越大，语言输出的能力就越强。也就是说，学生听的东西越多，学生读的东西越多，学生的表达能力就会越强。因此，教师在教学过程中，应该注意以下几点：

1. 尽可能多地让学生接触英语

要通过视、听、读等手段，多给学生易理解的语言输入，如声像材料的示范，贴近学生日常生活和学习、适合学生的英语水平、具有时代特色的读物等。另外，学生学习的内容不要局限在教材之内，教师应该打破课内外的界限，帮助学生扩大语言接触面。

2. 输入内容和输入形式的多样化

学生接触的英语既要有声的，又要有图像的，还要有文字的，而且语言的题材和体裁以及内容要广泛，来源要多样化。比如，在日常生活中，尤其是在大中城市中，每天都会接触到许多英语，比如，文具、衣服、道路标志、电器等，上面就标注有许多英语。如果我们能充分利用这些英语资源，学生们就可能轻轻松松地学到许多英语。另外，我们还要注意根据上述语言输入的分类，尽可能地为学生提供多种形式的输入。

3. 提高接触语言的频度

学习语言、接触语言的频度比长度更重要。这就是为什么教育部制定《义务教育英语课程标准》（2021年版）在教学建议部分指出："英语课程从三年级起开设，为保证教学质量和教学效果，三至六年级英语课程应遵循长短课时结合、高频率的原则，每周不少于四次教学活动。三、四年级以短课时为主；五、六年级长短课时结合，长课时不低于两课时。"

4. 关注学生的理解能力

只要学生能理解的，就可以让他们听，让他们读。同时，还可以只要求学生理解，而不必立刻要求他们用说和写的方式来表达。就教学目标而言，对学生的语言技能应该有全面的要求，但是从教学的方法来看，应该先输入，后输出。

5. 为学生提供的语言材料要符合学生的实际情况，要符合可理解性、趣味性与恰当性的要求

当然，仅仅依靠语言的输入是不可能全面掌握英语、形成综合运用英语的能力的，还需要通过口头和笔头的表达来检验和促进语言的输入。在增加可理解的语言输入的同时，在理解的基础上不断地进行有效的实践活动。这些实践活动在基础英语教学中包括一定的模仿练习。学习语言的确需要模仿，问题的关键在于如何模仿和模仿什么。如果只是机械地模仿，只注意语言的形式，并不能保证学习者能在生活中真正地使用语言。比如，只是要求学生注意语音、语调的准确性，只要求他们死记硬背句型结构，而没有使学生真正了解这些句型结构表达的含义，那么，学生并不能在课外使用。模仿最好是模拟生活中的真实情景，注意语言结构所表达的内容，这种模仿才是有效的。

二、大学英语教学模式和方法

（一）大学英语教学模式

1. 关于传统英语课堂教学模式的思考

在我国几十年的英语教学中，存在多种英语教学模式和方法，其中广泛采用的是传统的"语法翻译"教学模式。外语课堂教学区别于其他学科的特点表现在四个方面：（1）必须通过积累大量的言语材料去激发教学活动参与者的兴趣，在事实积累的基础上去掌握大量的理论；（2）必须通过集体作业和个别作业的安排吸引学生的注意力，即以练习安排作为课堂教学的外部手段，学生能否学得起劲，主要在于练习是否安排得当；（3）构成课堂教学的各个环节衔接紧密，有时两个环节要交叉进行，比如，讲授新的课程后马上进行初步巩固；（4）作为课堂教学基本媒介的语言受到限制。一方面教师经常因学生有限的目的语能力而不能充分自由地使用工具语言，另一方面受到课堂教学自身的局限，我国大学英语教学模式在很长时间里主要是以教师为中心，教师讲课文、讲词汇、讲语法，组织操练。这种传统的教学模式尽管实行的是"满堂灌"的方式，在一定程度上忽视了学习者的能动性和主动性，但依靠教师的丰富经验和个人魅力以及因材施教的小班教学方法，确实培养了一代又一代的优秀人才。然而国家和社会对人们英语能力的要求进一步提升，这种教学模式面临着极大的挑战而变得难以维系。

2. 对"教师为中心"英语教学模式的反思

在我国，英语教学历来以课堂形式进行，且课堂教学模式采取的是"教师中心"模式。"教师中心"模式顾名思义，就是将教师作为整个教与学过程的中心。在整个教学活动的进程中，学生是知识传授的对象，是外部刺激的被动接受者，学生始终处于被动的接受状态，偶尔对教师的讲授提出回应或疑问。在传统课堂上，教学媒体是辅助教师授课的演示工具，而教师的教学主要依赖于传统的教学媒体。黑板、教材作为承载教学信息的主要工具，其单一的媒体呈现模式也限制了学生信息量的输入，满足不了信息时代学生对知识的需求。教学媒体是辅助教师授课的主要工具，学生通过教学媒体获得教师传递的知识和观点，但教学媒体向学生传递的信息有限，主要依赖于教师的讲解，学生几乎无法对教学媒体进行操作与控制。网络在大学英语教学中的介入，要求在教学中教师应以网络技术为支撑，以现代教学和学习理论为指导，充分利用开放的网络资源和网络交互技术，处理好教师、学生、教学内容和教学媒体的关系。教师在课堂上可用多媒体教学平台，或连接网络资源或展示教师自制的 PPT 电子课件，但是，此模式仍然是以教师为中心。一些教师仍把计算机网络教学简单地理解为在传统的教学方法和教学模式中加入现代教学技术手段，而忽略了对相关现代教育思想理论的学习，只是用新瓶装旧酒，片面追求形式，未能根据新的教学要求去更新教学方法和精心设计多媒体教学手段辅助下的新的教学模式。

（二）教学模式改革的理论基础

1. 建构主义理论和多媒体、网络技术的结合

建构主义认为，知识是人们永无止境的探索，而不是一成不变的真理。教师不能把现成的知识教给学生，而要引导学生主动探究，让学习者掌握学习和解决问题的方法，成为一个自主的学习者和知识的创造者。大学英语教师不但要传授语言知识，还要承担帮助学生掌握英语学习方法和学习策略的重任。在大学英语教学中，要确立以学生为中心的理念，培养学生的自主学习能力和终身学习能力，发挥他们的英语学习主动性，在运用英语完成各种交际任务过程中建构英语语言知识，提升英语应用能力。教师在英语教学中应采用各种方法和手段，帮助学生形成对语言的认识，使英语教学不仅在课堂中进行，而且可以延伸到课外，为在大学英语教学环境中实现从"学习英语"到"用英语学习"的课程转换创造条件。

2. 教学模式的建构原则：以学习者为中心

建构主义思想作为大学英语教学模式改革实践的重要理论基础，指出学生不应简单、被动地接受教师输出的或书本的知识信息，而是要靠学生自己主动建构知识意义，但是传统的教学模式无法实现这一目标。因为传统教学模式是以教为主，即教师根据自己对教学内容的理解备课、讲课，并且习惯于讲精、讲细、讲透；学生则习惯于机械地理解记忆，教师与学生的交流和互动极少，学生学习的积极性、主动性没有充分发挥出来。现代网络技术的介入对传统教学模式形成了一定冲击。学生可以借助现代多媒体设备根据自身知识组成情况，选择配套的网络课程学习，这就使大学英语教学不再受时间和地点的限制，而

朝个性化学习和自主化学习方向发展。在大学英语教学中实现这个转向的目的就是改变教师在教学过程中的绝对主导者角色，转变为学生自主学习、自我思考、自我发现的促进者角色，指导学生在多媒体的网络环境下主动地、积极地学习英语，最大限度地发挥他们的潜能。建构主义理论的核心是以学生为中心，强调学生对知识的主动探索、主动发现和对所学知识意义的主动建构。计算机网络环境下的课堂教学模式与自主学习模式应结合教学的现实要求，遵循建构主义教学理论，在课堂教学过程中，教师应该避免单纯的知识点教授，要充分利用开放的网络资源和网络交互技术，融知识教学与综合能力培养为一体。课堂教学是在一个相对单一、闭塞的环境中进行的，教师应充分利用现有条件，拓展教学空间和课堂知识点操练环节，尽可能多地开展师生之间的课堂互动交际，在实际操练中进行语言知识教学，帮助学生成为学习的主体，并设计复杂和开放性的语言学习环境与问题情景，激发、驱动并支撑学习者探索与解决问题的活动。同时，教师也可以在课堂上利用多媒体手段，如播放幻灯片或与学习主题相关的影像资料，使文字与图像信息相互交融，在激发学生学习积极性的基础上，对课堂知识点加以拓展。网络多媒体手段使学生利用计算机进行网上自学成为可能。网络信息直接指向学生，学生成为学习的中心。他们可以"控制"学习媒介和"课程"的程序，可以自主选择学习的时间、地点和内容。学习是非线性的和无连续性的，不再局限于传统的课堂学习。教师根据特定目标和学生特点，设计不同的网络课程任务，对学生因材施教。学习者借助计算机的自主学习就不再需要中间环节，可以完全依据自己的兴趣、爱好和对自己未来设计的需要，自主、自由地选择学习内容。网络所提供的超媒体、超文本信息，以及跨学科、跨时空和面向真实世界的链接，构建起了使学习者走出大学英语课堂、融入社会实际英语使用情境的内容体系，能有效地保证学生的自主学习质量。由此可以看出，随着现代多媒体教学手段的介入，新的课堂教学模式和计算机网上自学模式在建构主义的影响下，被赋予了个性化、自主化、协作化等特点，这是更符合现实人才培养需求的变革。

3. 教学模式与网络技术的结合

建构主义理论的核心是以学生为中心，强调学生对知识的主动探索、主动发现和对所学知识意义的主动建构。教学过程应是教师与学生交流与互动的过程，是教师与学生、学生与学生、学生与社会的互动过程。基于建构主义的教学模式，应重视四种学习方式，即自主式学习、探索式学习、情境式学习和合作式学习。以现代教育信息技术为基本手段和途径，新的大学英语教学模式包括教师、学生、教学信息、学习环境四个要素，这四个要素相互作用、相互联系，形成稳定的网络多媒体教学模式。

4. 网络技术下的自主学习

首先，网络技术影响下的教学模式突破了传统课堂教学的时空限制，创造了现代教学环境，构建出一个无限开放的教学空间，淡化了"教"，而强调在现实环境中的"学"。教师宏观布置学习任务，学生自主掌握学习进度和选择语项。学生通过自主学习，查漏补缺，将旧知识与新知识联系起来，在原有知识的基础上增加、积累新的知识。那么，在多媒体网络自主学习的环境下，学生就可以在任何地点、任何时候开展学习。教师可以在校园网上建立有关英语学习的网页，为学生提供英语新闻、英语论坛等栏目，学生可以根据自己的语言水平、兴趣和学习习惯自行选择学习内容。网络课程的最大特点是利用现代化技术，通过为学习者创造开放的网络自主学习环境来突出学习者的个性差异，充分调动学习者自身的积极性，充分挖掘学习者自身的学习潜能，最大限度地开发学习主体的主观能动性。在网络环境中，学生进行的是个别化的自主学习和协同学习，学生可以按自己的知识结构和需要选择相关的知识内容进行学习；学生还可以在很大程度上支配自己的学习时间、过程和空间，设定学习目标，不断做出调整，调适学习进度；可以按自己的水平和需要自由选择不同级别和水平的学习材料，或侧重词汇语法，或侧重听说训练，从而达到强化自己所学知识和所掌握技能的目的。

其次，网络技术对探索式学习具有激发性。语言学习是积极体验的过程，它要求学生去探索和建构语言的意义，因此，语言学习应该是一种非程序式的、非事先设定的活动。建构主义侧重以学习者为中心，实行发现式学习和探索式学习，让学生在某一特定的语言环境中自行体会和探索，使学习成为一种自然的行为活动。在网络环境中学习，学生的学习过程不再由教师统一设计，不再像课堂教学那样强调集中思维、求同思维和正向思维。学生具有很大的自由空间，在学习中能更多地进行主动学习和自主思考，因此，除了消化和吸收所学知识与经验外，更加注重创造性学习。网络的开放性和多元性特征为学习者提供了多种选择的可能，使人的思维得以激活，从而激发出创造的欲望。学生在借助计算机完成自主学习的过程中，要去寻求、研究，进而建构语言的意义，这就是一种探索式学习。

对一切新学习模式、新知识的探索也促使学习者通过不断的学习来更新、改变自我的思维结构，在没有教师主导的情况下，学生要学会自主安排学习时间，学会独立使用网络教学资源，自主分工合作完成教学任务，从而形成一种不断探索、创新的思维模式，发挥学生的自主创造性。在网络教学中，学生成为学习的主体，网络学习系统中设计的真实、复杂和开放性的语言学习环境驱动并提升学习者探索、思考与解决问题的能力。学生有了这样的资源，再培养有效处理这些信息的能力，就可以真正实现自我探索式学习的目标。

再次，网络技术有助于情境式学习。在真实的语言环境中学习，学生感知的语言才会更加具有完整性和意义。这些语言学习素材一方面因丰富多彩而大大激发学生的兴趣，吸引学生积极主动地参与学习，引导学生在网上"畅游"世界，利用计算机教学软件自主视听或观看原版英语电影，以亲身的探索经历构建坚实的图式基础，在网络创置的语言情境下建构自己的英语知识，达到语言学习的目的；另一方面，学生可以通过网络，随时下载有利于创造情境的资源，丰富大学英语课堂的教学。这可以引导学生通过网络培养阅读、听说、写作等技能，强化批判性、创造性等高阶语言思维能力，将全球的知识信息联系起来，形成一个巨大的教学资源库，把娱乐性、参与性强的网站引入教学内容之中，充分调动学生的各种感官。此外，英语电视、英语新闻和各类国际活动的英语直播，特别是越来越多的大学建立英语中心，等等，都为语言学习创造了极好的语言情境，保证在较真实的英语环境中全面培养学生各项英语语言技能，在现实的语言体验中内化语言知识，形成并不断提高综合语言应用能力。

最后，网络技术有助于合作式学习。在网络环境下，以计算机为核心的现代教育技术、教师、学生应构成一个生态化的大学英语教学环境，使三者在整合的教学情境中相互作用、相互补充、相互转换。建构主义认为知识是在行为活动或经验中建构的，是逐步显现的、情境化的，学习就是知识建构、解释世界和建构意义。语言教学过程不是一个单纯的认识和知识传递过程，是通过语言建立师生之间的合作关系、对话关系。在对话过程中，师生各自凭借自己的经验，用自己独特的表现方式，实现知识的共同拥有与个性的全面发展。课堂不再是教师唱独角戏的舞台，不再是学生等待灌输的知识接受站，而是师生之间的双向互动。随着多媒体网络技术的介入，教学中的对话已不限于师生之间、生生之间言语的应答，师生互动课堂、生生互动"社区"、生机互动"在线"等教学环境的创建应运而生。这体现在在课堂、学生课外活动场所、网络虚拟空间三维环境中，以及所进行的师生、生生间的英语互动活动中。教师的作用是引导、促进、协调，而学生作为活动的主体，通过探索、实践与合作，在做中学、探索中学，逐渐实现对语言使用规则的认知和外化。在课堂上，教师可以让学生分组进行专题的准备和讨论，所有学生均被要求参与某一专题的准备和陈述，并设置自由提问环节，教师在整个讨论过程中起引导作用。多媒体网络教学环境为师生、生生之间提供了多种形式的语言交流途径，网络教学中的协作学习、小组讨论、在线交流等学习模式也使师生之间、生生之间通过交流信息实现互动合作，从而实现真正意义上的人机、人人互动。与传统课堂模式相比，多媒体教学优化了英语教学资源的环境，提高了学生学习效率和教学效果。多媒体教学模式不仅仅是运用先进技术手段提高了教学效率，更重要的是改变以教师为中心的传统教学模式，更注重"学"而不是"教"，这一全新教学模式对于发展和培养我国学生迫切需要的英语综合应用能力和独立自主学习能力有着深远的意义。

（三）大学英语教学方法

大学英语教学在方法上越来越趋于多样化、折中化、本土化、学生中心化和学习自主化。这些变化促进了大学英语教学改革。英语教学是一门实践性极强的课程，它需要一定的知识传授，但更需要活泼与较为真实的课堂教学氛围，以及作为语言学习主体的学习者的积极参与和大量的交际实践。教师的"教"和学生的"学"是教学的两个重要环节，需要教师和学生共同参与。那么，如何在师生共建的课堂互动模式中，有意识地创造各种语言环境，积极调动学生学习英语的积极性，让学生正确地使用英语知识去表达、交流思想和传递信息，是英语教学法要解决的首要问题。但是，英语教学法的运用不是固定的、排他的，这就要求教师在教学过程中灵活地选择有效的英语教学法，在以计算机、多媒体和网络为辅助手段的基础上，将不同的教学法穿插使用。这样，可以有效地调动学生学习英语的主观能动性，有助于教师及时对教学过程进行调控，同时可以加强学生与教师之间的有效沟通，帮助学生更好地提高自身的语言能力。教师对教学法进行选择时应注意兼顾几个原则：知识的体系性、任务的多样性、情境的真实化。

英语教学法要帮助学生构建扎实的语言知识体系。《大学英语课程教学要求》指出，大学英语的教学目标是培养学生的英语综合应用能力以及用英语进行交际的能力。交际能力由两个方面组成：语言知识和交际知识。语言知识的积累可以提高交际能力，交际实践可以巩固习得的语言知识，并促进交际能力的提高。在这两者的关系中，语言知识的学习是基础，也是最终为语言交际服务的。教师在开展教学的过程中可以参照语法翻译教学法，先讲授词法，然后再讲授句法；采用演绎法讲授语法规则，再举例予以说明；语法练习的方式一般是将母语句子翻译成英语。在强调阅读作为英语教学的主要目标的同时，考虑对学生听、说、写能力的培养，这样的教学法在很大程度上有助于学生英语知识体系的建构。此外，重视母语和英语言的共同使用。这样在课堂上，教师适当地采用母语进行解释，尤其是针对具有抽象意义的词汇和母语中所没有的语法现象，既省时、省力又简洁易懂；再者，将英汉两种不同的表达方式进行比较，可以提高学生正确运用目的语的能力，因此，在教学中可以灵活采用。

教学法能否调动学习者的学习兴趣是教学质量能否提高的关键，因此，在教学中，教师应该确保学习任务的多样性。教师在设置任务的时候要以激发学生学习兴趣和成就感为出发点，围绕特定的交际和语言项目，设计出具体的、操作性强的任务，让学生在任务的驱动下学习语言知识并进行技能训练，在感知、认知知识的过程中达到学习和掌握语言的目的。活动可围绕教材但不限于教材，要以学生的生活经历和实际交际活动为参照，不仅要有利于学生英语知识的学习、语言技能的发展和运用能力的提高，还应有利于促进英语学科和其他学科之间的相互渗透和联系，使学生的思维能力、想象能力、协同创造能力等综合素质得到锻炼和提高。比如，上课之前让学生利用课余时间通过图书馆、网络等媒介查阅相关资料，了解本单元的中心主题；成立学习小组，成员之间互相检查背诵、记忆教材内容或者根据课程内容提前安排小组排练表演并进行课堂展示等；在课堂上鼓励学生积极参与到各项学习、讨论、陈述中。由于学习任务中包含有待实现的目标和需要解决的问题，因此会激发学习者对新知识、新信息的渴求。这样，学生通过实施任务和参与活动，就能促进对自身知识的重组与构建，摄入新信息并与学习者已有的认知图式进行互动、联系、交融与整合。

在教学中，教师应通过模拟真实情境来拓展教育空间，增强学生的感受性，强化参与意识，从而有效地提高教学效果。传统的课堂教学被局限在教室中进行。现代信息技术的广泛应用使教育空间的拓展成为可能。教师可以在课堂教学中借助网络教学设备，为学生创设真实的语言环境或模拟情境，在模拟的情境中进行语言知识的学习和操练，在实践中提升交际能力。传统教学法的弊端之一就是教学法给学生造成一种距离感，形成"你讲我听"的被动状态。而情境教学法由于教师根据教材和心理理论创设了有关情境，鲜活的教学内容拉进了师生的心理距离,强化了学生积极的参与意识。情境教学法强调在英语教学中充分利用生动、形象、逼真的情境,使学生产生身临其境的感觉,利用情境中传递的信息和语言材料,激发学生用英语表达思想感情的欲望,促进学生的语言能力及情感、意志、想象力、创造力等的整体发展。情境教学法的教学实践是以课堂教学为主线,综合运用多种办法创设真实语言情境,营造英语交流氛围,从而实践英语交际。教师可以鼓励学生在课后使用视听设备和语言实验室来放映英语电影,收听英语广播,收看电视节目,通过情景、视听教学,让学生把握地道的语音、语调以及了解西方的文化背景。情境教学法既能突破传统英语课堂教学的狭隘性、封闭性,拓展教学空间,又能引起学生的兴趣,唤起学生的参与意识,提高教学质量,对英语课堂教学来说是一种切实可行的教学法。英语教学要以重视发展语言技能和交际能力为主,应采用多种交际功能项目,以保证交际的趣味性。

由此可以看出,每种英语教学法都有产生和存在的条件。在实际教学中,教师应该仔细研究各种教学法的特点,熟悉并掌握其中的技巧,不能盲目地推崇某一种教学方法,而否定另一种教学方法。应根据教学活动的具体情况,综合使用各种教学法。事实证明,没有一种单纯的教学方法是万能的,过多地依赖或推崇某一种教学法的做法往往会在具体的教学实践上产生某种偏差。这不利于英语教学的进一步发展与提高大学英语教学水平。英语教学大纲要求教师不仅要向学生传授语言知识,训练语言技能,还要培养学生运用英语进行交际的综合能力。这一要求是立体的、多层次的,而且当前大学生获取知识的渠道是多样化的,自学能力强,所以,教师在教学中必须本着客观、实事求是的态度,结合教学特点、学生的实际情况以及现有的教学资源,选择合理的教学法,从而有效地开展大学英语教学。

第二节 多模态与英语课堂教学的有机融合

一、大学英语多模态课堂教学理论基础

（一）哲学基础

1. 主体间性哲学观与间性理论

19世纪末20世纪初，西方哲学开始转向现代语言哲学，在某种意义上这种转向标志着主体性哲学转向了主体间性哲学。"间"意为"在……之间"。从本体论来说，"间"揭示了主客观事物存在的普遍方式。主客体都不可能孤立地存在，主客体只有在相互"之间"的作用与影响中才能生存。间性的概念最早源自生物学研究，因在神经心理学、认知科学等领域的相关研究和发现而备受关注，逐步应用于哲学、美学、文学、艺术、教育等人文学科，并成为一种新的理论共识。所谓间性，主要指一般意义上的关系或联系。间性理论作为主体间性、语言间性、文本间性、文化间性、媒体间性等诸理论观点的综合，强调"你中有我，我中有你"，其哲学理论基础是主体间性。作为20世纪西方哲学凸现的一个范畴，主体间性理论是一种反主体性、反主客二分的近代哲学思想和思维模式，它强调主体与客体的共在性、平等性，关注主体间对话沟通、作用融合及不断生成的动态过程。尽管作为当代哲学的世纪之谜，主体间性理论视角具有自身的缺陷和局限性，但已经成为不同研究领域和研究方法的交汇点，并逐步衍生出一系列基于主体间性哲学观的理论视角，如：媒体间性、语言间性、文化间性、文本间性等。间性理论为美学、文学、文化学、社会学等各学科研究，特别是跨学科研究提供了哲学基础，也为英语教育研究开拓出新的视野。除了以上所讨论的主体间性的基本概念以及间性理论中"你中有我，我中有你"的哲学内涵，其他相关概念如媒体间性、语言间性、文化间性、文本间性等也是学界所关注的重点。

媒体间性，有时也称作媒体相互性，指的是现代媒体的相互关联，即媒体之间从信息内容到技术形式基于社会间性的综合、整合、转换与演变。所有媒体都兼具个性与共性，媒体间性就是媒体以共性为基础的个体差异性之间的桥梁。新媒体强化了师生主体之间、

学生主体相互之间的主体间性，新媒体的多向性和互动性也加速了主体间性的进程。

语言间性是指语言的指称功能、意动功能、交感功能之间表现出的不协调和错位。换句话说，语言间性是指语用双方主体在沟通过程中客观存在的空间障碍。由于语言内在的差异性，会带来语用双方理解度的波动性，而这种波动则预示了语言系统的二元性特征（即开放性和封闭性并行），从而决定了语义的二元性。语义的弹性特征导致了语用双方的沟通仅仅只是一种可能。作为二语习得研究领域中的一个相当重要的概念，中介语就是语言主体间性的一个主要表现，中介语是第二语言学习者在学习中形成的一种特定的语言系统形式，这种语言系统在语音、词汇、语法、语用等方面，既有别于母语，也不同于目的语，而是一种随着学习的发展向目的语的正确形式逐渐靠拢的动态的语言系统。

文化间性，也叫跨文化性。间性思维模式应用于文化学领域便派生出文化间性问题。从某种意义上讲，文化间性就是西方哲学中的主体间性问题在文化领域的具体体现，它体现了从属于两种不同文化的主体之间及其生成文本之间的对话关系，表现出文化的协同共存、交流互动、意义生成等特征。在大学英语教学中，通过文化间性研究，有助于加强线上的跨文化素养。

文本间性，也称作互文性，指的是两个或两个以上文本间发生的互文关系。在语篇生成过程中，各种语料相互交叉，一个文本与其他文本之间相互影响、相互交流，文本间性将这些不同类型的文本联系起来，使内容变得协调、易懂。文本间性有助于加强大学英语与其学习者母语之间的文化联系，使教学突破文本的限制。

通过分析大学英语课程的学科属性及其教学系统的四要素，我们认为，主体间性、媒体间性、语言间性、文化间性、文本间性等理论视角是探讨解决大学英语教学的重要哲学基础。

教育技术与大学英语课程的整合充分体现了间性理论作为现代英语教育哲学基础的重要性。教师、学生、教学内容、教学媒体四大要素不是简单地、孤立地拼凑在一起，而是彼此相互联系、相互作用而形成的有机整体。在现代信息技术条件下，现代教学媒体的作用越来越显著，它改变了其他三大要素及要素之间的关系，极大地提高了系统内部各要素之间的信息传递和转化的效率。

首先，对于教师主体来说，教学媒体是组织、实施教学的一种重要工具，恰当的媒体运用可以减轻教师的常规工作量，促进教师与学生主体之间的互动；对于学生主体来说，媒体则是一个认知和交流的工具，有助于学生有效地获取知识、发展认知能力、提高认知水平。根据主体间性，教师主体与学生主体之间具有显著的交互性，学生主体的中心地位离不开教师主体的主导作用，这是"以学生为中心、以教师为主导"教学思想的哲学基础。其次，在现代信息技术条件下，师生主体都是具有一定媒体素养的人，而且往往具有一定的不平衡性。由于信息技术的迅猛发展，学生的信息素养可能会高于年龄较大的教师，在教学过程中，学生可能会在新技术应用方面发挥着重要的作用，影响着教师主体及教学结构的取向。再次，新媒介条件下，教学内容资源化趋势显著，教材也从传统的单一的印刷图书转变为立体化的教学资源，教学内容更具多样性、易于获取性，在媒体形式上呈现出多元化、数字化的发展趋势。

2. 间性理论指导下的多模态课堂教学原则

（1）基于主体间性的交互性教学原则

坚持主体间性的语言观和英语教学观有助于还原英语教学的本质特点。主体间性所提供的新的哲学范式和方法论原则，将对英语教学的目的、过程和师生关系等产生积极而深远的影响。在大学英语教学活动中，教师和学生是活动的主体，以课程、教材及其他教学资源为载体的教育内容构成他们共同作用的客体，其实践结构的模式是"教师——教育内容——学生"。

主体间性理论的实质是主体交互性，目前我国高校大学英语教学中普遍遵循的"教师主导——学生主体"的教学原则就是主体间性理念的重要体现。一方面，主体间性理论强调主体间的主观性和能动性，重视文化深层交流中体现出来的人性；另一方面，主体间性理论并非完全否认主体性，而是认为主体性应该建立在主体间性的基础之上。这给我们的启示是，既要强调主体互动，又要注意学习者的个性差异。教育活动是学生的主体性和主体间性的统一。

（2）基于媒体间性的多模态教学原则

探讨媒体间性，有利于课堂教学媒体、模式和模态形式的创新。媒体间性本身不是一个新生事物，随着新媒介时代的到来，媒介融合日益深化，人们越来越关注媒体间性的研究。媒体间性通常有三层含义：第一，指不同媒体的综合与配合，即多媒体；第二，指同时运用几种模式的交流,即多模态;第三,指具有构建属性的媒体之间相互融合、相互依赖的关系。因此,多媒体、多模态、超文本性等都是媒体间性的重要体现,它们改变着人类关于识读能力的界定和标准,因而也改变着教学理念、教学手段和教学方法。新媒介为学生创造了无处不在的学习环境和立体化、数字化的"泛在学习"模式,为课堂教学注入了新的活力,强化了学习意义系统,扩展和改善了人际社会互动,构建了丰富的学习生态环境和学习文化。

多模态化不仅是教学媒体的表征,更是交互性原则和跨文化原则在教学实践中的实现。多模态教学极大地丰富了英语教学资源,拓展了意义表达的方式,促进了教师角色的多元化和教学资源的数字化。信息技术的不新更新,使学生可以选择在学校网络自主学习中心的多媒体机房、语音教室、校园局域网、手机、平板电脑等多媒体条件下进行学习,为学生创造了立体化、数字化学习环境。教师必须与时俱进,积极探索多媒体、多模态的教学与研究。

在经济全球化、交流信息化、文化多元化和语言多样性的背景下,新的交际媒体正在重塑我们使用语言的方式。为了适应现实生活、学习、工作的数字化需要,学生要熟练地进行多模态的交流,学会运用多媒体收集和分析信息,还要学会运用故事、报告等不同的文体以及书面、视觉、口头、色彩等多种模态,开展有意义的数字化学习和交流。数字化交流远远超越了传统的文字和文本模态,还包括静态图表、画面、动画、色彩、音乐、录音等。多模态化是数字化英语教学的重要特征。大学英语教学面临着向数字化、多模态化的教学转型。

(二)教育学、心理学理论基础

1.大学英语教学研究的学科定位

英语教学的实践一再证明,语言教育是一个由各要素组成的多层面立体结构,除语言这个要素外,还直接与教育学、心理学、社会学等直接相关,涉及教材、教师、学生、教学目标、组织管理等诸多内容,远非语言学所能囊括。英语教育应当归属于教育学,而不能简单地把英语教学划入应用语言学的范畴。把英语教学纳入教育学的范畴,出发点是教育实践,重点是语言在教学过程中所起的作用,正是这些重要特征使得教育语言学成为一门独立的学科。从教育语言学的理论视角研究大学英语教育教学,无论在理论上还是在实践中都更具合理性。基于英语教学的教育语言学学科属性，我们在研究中，重点从教育学学科领域寻找大学英语教学研究的理论基础，特别是教育学、心理学、课程与教学论以及其他与教育学整合而形成的交叉学科理论，如教育心理学、教育生态学和英语教育技术学。

2. 认知负荷理论

认知负荷理论是继建构主义理论后又一个对教学起着重要指导作用的心理学理论。根据认知负荷理论，认知图式组织并储存人类知识，极大地减轻了工作记忆的负荷。而新信息必须在工作记忆区进行处理，以便建构图式，然后通过反复应用，图式就会自动化。在工作记忆区处理信息的轻松度是认知负荷理论最关注的问题。认知负荷理论认为教学的主要功能是使学生在长时记忆中存储信息。知识以图式的形式存储于长时记忆中。长时记忆中的图式是一种知识框架，在学习新的材料时，具有中央执行官的功能。在学习新材料时，如果能从长时记忆中获取这类知识框架，这些材料就可以通过知识框架所提供的方法来进行学习；如果不能获得关于这些材料该如何组织的知识框架，则要采取随机学习的方式。

认知负荷是表示处理具体任务时加在学习者认知系统上的负荷的多维结构。这个结构由反映任务与学习者特征之间交互的原因维度以及反映心理负荷、心理努力和绩效等可测性概念的评估维度所组成。可能会影响工作记忆负荷的因素主要包括：学习任务本身的内在本质（内隐认知负荷）、呈现任务的方式（外显认知负荷）、学习者自愿用于图式建构和自动处理的认知资源量（关联认知负荷）。在大学英语教学过程中，外显认知负荷给学生带来问题的程度主要取决于内隐负荷。如果内隐负荷强度大，就必须降低外显认知负荷；如果内隐负荷低，因不恰当的教学设计而造成的高度外显认知负荷就可能不会造成伤害，因为总体认知负荷没有超越工作记忆的极限。进而，如果内隐和外显认知负荷的总量还留有额外的处理信息容量余地，就有必要鼓励学生将适当的认知负荷投入到学习中，特别是用于图式建构和自动操作。

3. 学习理论

现代科学发展的特点之一是学科交叉影响，互相渗透。教育心理学是教育学和心理学的交叉学科，学习理论研究是教育心理学的核心内容，对大学英语教学与研究具有重要的指导作用。

20世纪以来，关于学习运行机制的研究，涵盖了行为主义、认知主义、建构主义、社会建构主义、联通主义等理论流派的发展演变。20世纪经历了数次主流学习观的变迁：从行为主义学习理论的知识习得观，到建构主义的知识建构观，再到社会建构主义的参与观（或社会协商）。行为主义、认知主义和建构主义为大学英语教学整体研究提供了坚实的理论基础。

行为主义学习理论把学习看作是"刺激——反应"的过程。用这种学习观指导语言学习时，强调语言技能训练的重要性，认为语言学习就是以"刺激——反应"为原理而形成的机械性语言操练，是语言知识的灌输，其目的是使学习者形成一种语言习惯。即使在计算机网络辅助大学英语教学很发达的今天，行为主义学习理论依然在一定的学习阶段，特别是在语言技能训练方面，发挥着积极的作用。

在新媒体时代学习环境构建中，最容易把技术作为中心而忽略学习者的中心地位，以技术为中心的设计侧重技术能够做什么，技术是教学的工具，其目标是使用技术辅助教学。所以，多媒体学习认知理论强调以学习者为中心的设计，关注大脑学习的机制，关注学习、记忆的效果，而仅把技术当作学习的助手，其目标是运用技术促进学习的有效性。

4. 英语教育技术学

教育技术学是把应用新的技术、手段和方法来优化教学过程和教学资源作为研究对象的学科，是具有方法论性质的学科。在我国，教育技术学已经发展成为一门独立的学科。信息技术与课程整合研究的发展，使大学英语教学形成了新的教育信息化教学范式。按照库恩的范式学说，新范式的形成和转换意味着一门新学科的形成。作为一门独立的学科，英语教育技术学的建设刚刚起步，尚有一系列的理论问题需要我们不断地探讨，从而运用该学科的理论研究成果，探索大学英语课程与教育技术整合的新模式、新方法、新环境，进而在实践中不断丰富和完善英语教育技术学科体系。

（三）语言学理论基础

1. 中介语理论

中介语理论是在认知心理学的基础发展起来，石化现象（指二语学习者长期处于中介语状态，没有达到掌握水平的现象）是普遍存在于中介语习得过程中的一种心理机制，与语言形式的正确性没有关系。换言之，正确的和不正确的语言形式都会石化。石化现象的产生，既与特殊的社会文化环境有关，也与英语学习者本身的素质相关联；既与固定模式化的教育体制和不恰当的教学方法有关，又与英语学习者的认知心理偏差相关联。在学习过程中，内外因的共同作用导致了学习者大脑中语言知识的固化。为此，我们要用科学理性的思维和宽容的态度,来看待学习者的语言错误,辩证地看待和理解中介语和中介语石化现象,这将有助于我们进一步认识与控制石化现象潜在的内部机制,提高二语教学效率。研究还发现,汉语水平变量通过直接或间接路径对学习者的英语写作能力产生影响,其中汉语写作能力、汉语词汇能力和汉语语篇能力对英语写作影响显著。英语水平在汉语能力变量向英语写作能力的迁移中起着制约作用。

2. 计算机辅助语言教学

计算机辅助语言教学(CALL)是探索并研究计算机应用于语言教学的科学。媒体技术在我国高校大学英语教学中的应用和研究源远流长。在20世纪七八十年代,大学英语教师手提录音机到教室开展听力教学还是件新鲜事;90年代初,高校语言实验室开始普及,大大促进了听力、口语、写作和翻译教学;90年代末,网络语言实验室成为高校改善大学英语教学条件的主要标志;21世纪初以来,全国高校大学英语课堂教学几乎全部使用多媒体教室,同时,各校纷纷建立网络英语自主学习中心,形成了多媒体课堂教学与网络自主学习相结合的大学英语教学新局面。

计算机辅助语言教学(CALL)的发展表明,英语教学与教育技术应用之间的关系特别紧密,教育观念的更新与教育技术的发展之间呈现出相互作用、不断融合的态势。近年来,多媒体、多模态教学理论的探讨和应用,有力地推动了教育技术与英语学科整合的研究和探索,是英语教学研究的热点。

3. 我国的英语学习理论研究

长期以来,我国学者在二语习得理论研究方面主要靠引介国外理论,并结合我国英语教学实际开展应用性的研究。但是,我国的英语学习与西方的第二语言学习有着完全不同的特点,因此,必须从我国英语教学的实际情况出发,对国外的语言教学理论,尤其是第二语言习得理论采取谨慎的态度。在吸收和借鉴过程中,要充分考虑到中国学生英语学习的特殊性,从而建立一套具有中国特色的英语教学理论体系和切实有效的指导方法。

二、大学英语多模态课堂教学设计模型建构

（一）多模态研究相关概念

1. 多模态

多模态指的是通过整合、编排或编织多种不同模式的符号资源而形成一个语篇。从人类感知通道的角度，多模态就是同时使用两种或两种以上的模态。人类生活在多模态的世界里，人们通常都是运用多模态来感知和交流的。例如，学生在课堂上学习时，一边听教师讲（教师的"言语"模式所对应的是学生的"听觉"模态），一边看教师的动作演示和在黑板上的板书（教师的"手势、姿势""书写"等模式所对应的是学生的"视觉"模态）。值得注意的是，有些模态，按照感知模态的划分标准，只是一个单模态，但却涉及两种或两种以上符号系统。也就是说，按照符号系统多少的划分标准，这些模态也是多模态的。

2. 多模态话语

多模态话语是相对于单模态话语而言的。根据话语涉及的模态数量，只有一种模态的话语是"单模态话语"，如广播仅涉及听觉模态，一份文字通知仅涉及视觉模态。同时，涉及两种或两种以上模态的话语就是"多模态话语"。根据社会符号学，多模态话语指在一个交流活动中不同符号模态的混合体；换句话说，在一个特定的完整的话语中不同的符号资源协同地构建意义、实现交际目的。张德禄通过整合模态的两个不同标准，把多模态话语定义为："运用听觉、视觉、触觉等多种感觉，通过语言、图像、声音、动作等多种手段和符号资源进行交际的现象"。

3. 大学英语课堂话语的多模态属性

随着现代信息技术的日新月异和人类交际模式的日趋多样化，话语的多模态现象日益显著，这就是话语的多模态化。话语的多模态化反映了媒体形式的多样性、人类活动的多维性、人脑结构的完备性和复杂性以及人类认知的多模态性。作为现代话语的一个突出特点，话语的多模态化在课堂教学话语中表现得更为突出。在基于计算机和课堂的多媒体教学模式中，大学英语课堂话语具有典型的多模态属性。这是现代信息技术与大学英语课堂教学整合的结果，也是大学英语教师更新教学观念的结果。

(二)大学英语多模态课堂教学设计应当遵循的原则

1. 结合教学条件,彰显媒体间性,促进"教"与"学"

在计算机与大学英语课程的整合过程中,"三多"(即多媒体、多模式、多模态)是教学媒体要素在新媒体时代的重要表现,充分彰显了媒体间性的作用。大学英语课堂教学设计要充分发掘媒体间性的作用,在充分发挥教师主导作用的同时,要真正体现学生的学习主体地位,最大限度地促进"教"和"学"的开展。首先,教师要主动运用多媒体、多模式教学手段,丰富教学资源,营造数字化学习环境,提高课堂教学效果。其次,要充分发挥学生作为数字原住民的优势,引导学生有效利用良好的教学资源和数字化学习环境,做好课前预习,并为学生的课堂学习设计恰当的任务,让学生在各种学习活动中积极主动地学习新知识、新技能。

2. 把控整体原则,强化参与互动,追求有效教学

根据多媒体、多模式、多模态课堂教学的特征,以主体间性、媒体间性和文本间性的思想为引领,通过交互式教学,提高学生参与度,追求课堂教学的有效性。多媒体、多模式、多模态课堂教学并不等同于有效教学。课堂教学娱乐化也是多媒体教学需要警惕的一种现象,缺乏互动性、效率低下的多媒体课堂教学在大学英语教学实践中也相当普遍。

3. 倡导社团实践,加强课外学习,创新学习文化

在基于计算机和课堂的多媒体教学模式中,网络自主学习与协作学习是大学英语课程教学的重要组成部分,社团实践有助于提升课外学习效率,有助于创新协作型大学英语课程学习文化。社团实践的学习理念充分体现了主体间性、文化间性和媒体间性的思想和原理,为大学英语课外学习提供了丰富的学习理念和方法。

大学英语教学改革的关键是教师,必须充分调动教师主体的积极性和主观能动性。教师必须率先改变观念,主动为创新教学模式"放下身价",乐于与学生合作,共同提高多元识读能力,充分利用多媒体教学条件,最大限度地调动和促进学生的多模态学习,使学生不仅通过听觉、视觉等模态来增加信息输入,而且作为交流主体,通过口头、书面、电子、身体动作等交流模式,强化反馈、互动等输出机制,从而实现有效的语言学习。

三、MAP 在大学英语课堂教学及其评价中的应用

（一）多模态课堂教学设计原则模型（Multimodal Apple Pie，MAP）的大学英语课堂教学设计

1. 基于 MAP 的大学英语教案设计

基于 MAP 的大学英语课堂教学设计重视课堂教学环节，但不拘泥于传统的教学环节，提出的展示论证新知原理、尝试应用新知原理、聚焦完整任务原理、激活相关原理、融会贯通掌握原理等五项首要教学原理，综合运用间性理论、多媒体认知学习理论等，探索有效的大学英语课堂教学模式。

教学设计是课堂教学成功的基础。大学英语课堂教学设计应该遵循教育学、心理学和语言教学的规律，其任务是根据大学英语教学要求、标准及学生学习实际，合理把握教学观念、教学模式、教学技术、教学技巧等因素，对教学目标、教学内容、时间安排、教学方法、课堂组织、教学媒体、学习活动、学习评价等做出明确的规划与设计。为了使教学设计规范化，我们在基于 MAP 的大学英语课堂教学实践中，要求课题组成员在教学过程中，按照"MAP 课堂教学设计表"制作教案。此表不仅包含了常规教案的要件，如章节、课时、教学目的、教学重点难点、教学过程、教学评价等，而且要求课题组教师在教案中明确设计要点，并在教学过程完整设计中根据每部分设计重点并进行必要的设计分析。

实践证明，要求在教案中对 MAP 要素及设计思路进行备注，使教师们更加有意识地聚焦 MAP 课堂教学设计的原则和方法，不仅为课题研究积累了丰富的教学改革经验和资源，还促使课题组教师不断深入学习和研究。

2. 基于 MAP 的大学英语教案评价

MAP 中的"M"既可用来指三个以 M 开头的单词：媒体、模式、模态，也可用来指课堂教学中不可或缺的三个"多"：多媒体、多模式、多模态。M 代表多模态教学模式的基调，它凸显了教学媒体在大学英语课堂教学中的作用，也借助媒体间性的作用极大地改善了课堂话语的模式，优化了学生习得语言的模态，是基于计算机和课堂的大学英语教学模式评价中的重要观测点。

我们知道，大学英语课堂教学中学习者运用的主要模态是听觉、视觉两种，但这主要是针对语言输入的方式，而决定大学英语教学有效性的一个重要指标是参与度，我们更应当关注学生的语言输出，特别是在目前我国高校大学英语教学中被普遍推崇的输出驱动教学中，学生要用口头、书面、电子、身体动作等话语模式进行语言输出活动。

课堂教学的关键在于互动与学生的参与，而互动教学成功的关键在于教学设计。在大学英语课堂教学设计中，要充分利用多媒体教学条件，互动多模态学习，悉心设计五大支点，即课堂导入、信息呈现、同伴合作、学习强化和教学评价。

（二）大学英语课堂教学评价

1. 大学英语课堂教学评价的意义和功能

课堂教学评价是提升高等学校教育质量的重要手段，而课堂教学评价标准的确定又是实施课堂教学评价的关键环节。有些学校没有制定适合英语教学的课堂评价标准，评价指标通常都集中在教师的"教"方面，而对学生的"学"关注度不足。高校大学英语教师课堂教学评价应当根据高校大学英语教学要求、教学规律、教学原则及课堂教学目标，运用科学的评价技术、手段和方法，对教师课堂教学效果和课堂教学目标的实现程度做出价值上的判断。高校大学英语课堂教学的评价标准应突出大学英语课程特性，应当科学、有效地实施教师课堂教学评价，以促进教师专业发展，提高大学英语教育教学质量。传统的课堂教学评价通常以校方主导的教学督察为主，以学生学期对教师课堂教学的总体评价为辅，评价结果将作为教师评先评优、职称晋升等的重要参考依据。针对某一节课的教学评价，评价主体多为领导和同行教师，评价对象为教师及其课堂教学质量。在大学英语教育教学深化改革的背景下，大学英语教学部门越来越重视大学英语师资队伍建设，把日常课堂教学听课评课制度化，把讲课观摩比赛常规化，不断加强教师专业发展，改革教学模式，以提高教学效果。

大学英语课堂教学评价具有评定、改进、激励等功能。在大学英语教育教学改革中，教学主管部门应当充分发挥听课评课的作用，通过评定和激励，重在促进教师改进课堂教学。实践证明，科学、公平、合理的课堂教学评价，有助于调动教师参与教学改革的积极性。通过课堂教学评价，可以了解教师课堂教学的质量、水平、优点、不足等。课堂教学评价所提供的反馈信息，使师生明确教学目标的实现程度，明确课堂教学活动中所采取的形式和方法是否有利于促进课堂教学目标的实现，提高教师教学设计的意识和水平，帮助积累经验，以便在以后的教学中更好地完成教学任务，不断提高教学质量。

2. 基于 MAP 的大学英语课堂教学评价

开展课堂教学有效性评价工作，必须从教学系统四要素及相互关系出发，特别是要从大学英语多模态课堂教学实际出发。与常规课堂相比，大学英语多模态课堂教学是教学技术与大学英语课程的整合、融合，它遵循"教师主导——学生主体"的教学模式，采用以"自主、探究、合作"为特征的教与学方式，为学生构建出一个新型的学习环境。所以，评价大学英语多模态课堂教学的效果，不能只停留在传统课堂教学评价的层次，必须充分考察教学媒体的重要作用，从信息技术与课堂教学整合的维度来看待。根据 MAP 原则模型，关于大学英语多模态课堂教学设计的原则和特点，我们认为，对一节课的教学评价，应当站在主体间性的哲学高度，从教师、学生两大要素出发，而将对教学内容和教学媒体的评价分别融入对教师、学生两大要素的评价之中。

新媒体时代背景下，教学媒体在教学系统四要素中的地位和作用毋庸置疑。但是，我们绝对不能陷入技术决定论中，因为媒体间性必须以主体间性为主导，表面上的技术主导，事实上是以主体参与为前提的主导，是主体间性与媒体间性的融合所呈现出来的客观教学现象。因为真正能给教学带来变革的，不是技术，而是先进的教学理念和方法。因此，在基于计算机与课堂的大学英语教学环境下，教师一定要把握住以促进"教"与"学"为根本宗旨的听课评课原则，树立正确的听课评课观念，心中始终装着"学生"，重视教学的效果。

听课评课活动是教师行动研究的重要途径，最终目的在于不断从听课评课活动中汲取营养、改进教学活动。听课评课后的创造性应用与实践，对于执教教师和观摩听课教师都具有重要的意义。教师是一个在实践中学习、实践中反思、实践中成长的专业群体，由外而内的意义建构对于教师的专业发展来说是一个必经的途径。经过听课后的认真思考以及评课时的同行交流，教师可以在后来的教学实践中，结合自身的理解、风格、特点等，对于听课评课中的收获进行创造性的改造、应用，并进一步反思、再探索、再体验、再研究，以此类推，不断提高。通过听课评课活动，教师能够获得不同的思想交流、不同的观点碰撞、不同的经验分享和不同的设计借鉴，这些都是难得的学习资源和成长经验。

第三节 语料库语言与英语教学

一、语料库在英语词汇教学中的应用

（一）语料库与语料库语言学

语料库就是对海量自然语言材料进行处理、存储、检索、索引以及统计分析的大型资料库。尽管早在18世纪人们就开始尝试建设语料库，但由于技术手段的限制，在很长一段时期内它的发展缓慢而艰辛。随着计算机处理速度的飞速增长以及存储能力的扩大，语料库建设和基于语料库的语言学研究在近二三十年里取得了飞速地发展，日益成为语言学界关注的焦点。特别是在方便、迅捷的计算机定位检索管理软件的有力支持下，语料库在容量增大的同时，功能也变得越来越强大。通过对存放在计算机里的大量真实语料的检索分析，研究者可以获得构词、搭配、语境、修辞等多方面的丰富的语言信息。在教学方面，语料库以其宏大的数据库为基础，为编写辞典、语法书及各种教材提供了海量而又鲜活的真实语言原料。近年来，语料库在教学中的应用日益广泛，涉及词汇大纲和教材编写、词汇教学、语法教学、语篇章分析、错误分析、机辅语言学习、机器翻译、语言测试及学生自主学习能力培养等。

（二）语料库在大学英语词汇教学中的应用

1. 利用语料库进行词语搭配教学

搭配是"在文本中实现一定的非成语意义并以一定的语法形式因循组合使用的一个词语序列，构成该序列的词语相互预期，以大于偶然的概率共现"。词的意义不是孤立的，这可以从与它结伴同现的词中体现出来。词项的结伴规律、结伴词项间的相互期待与相互吸引、搭配成分的一类连接关系等都是词语搭配的形式属性，也都是词语搭配研究的重要内容。

教师可以用语料库客观地分析学生的用词搭配。研究工科学生在英语写作中get的使用情况，结果发现：在"get+adj"结构中，get作为"系词"使用，据此，学生能用词具体准确，充分表达句子的意义，如 get more beautiful，get familiar with，get addicted into，get hooked on 等。而对"get+n"结构，学生选择最多的搭配词是 information，news，date，mail 等，但也有少量搭配词不地道或者属于中式英语，如 get answer，get feelings 等。可见，凡是表达"得到、获取"之义时，学生都将 get 视为"万能动词"，认为该动词适合各种语境，能行使各种功能。这说明学生的词汇量有限，不能借助不同词表达同一概念或意义；同时，也反映出学生对 get 一词的内涵缺乏深入的了解。至于 get 的固定搭配，高频率出现的是 get rid of，get into the cyber trap，get the best use of，get away from，get contact with，getting on 等。总的来说，学生对 get 词的掌握不够深入和全面，表现为缺乏多样性和灵活性。

2. 利用语料库进行语义教学

语义韵是语料库语言学研究的重要课题，可分为积极、中性和消极三类。在积极语义韵里，关键词吸引的几乎都是具有积极语义特点的词项，由此形成一种积极的语义氛围。在中性语义韵里，关键词既吸引一些具有消极含义的词项，又吸引一些具有积极含义或中性含义的词项，由此形成一种错综的语义氛围。因此，中性语义韵又可称作错综语义韵。在消极语义韵里，关键词吸引的词项几乎都具有强烈或鲜明的消极语义特点，使整个语境弥漫着一种浓厚的消极语义氛围。绝大多数英语词的搭配行为呈现出错综语义韵的特性，一些词项具有强烈的消极语义韵，另一些词项则具有鲜明的积极语义韵。卫乃兴提出语义韵研究的一般方法：（1）建立并参照类连接，用基于数据的方法研究；（2）计算节点词的搭配词，用数据驱动法研究；（3）用基于数据与数据驱动相结合的折中方法研究。学生通过观察节点词的索引行就能分析节点词的语义韵特征。以 rather 为例，其右搭配形容词/副词依序分为 superfluous，fine，dismal，squalid，ugly，sad，desolate，exaggerated，eerie，mean，indignant，shamefaced，pessimistic，disappointing，impatient，too 等。

（三）语料库研究对英语词汇的教学作用

1. 通过词频的统计研究，量身打造不同阶段英语学习者的必备词汇。

词频统计研究最直接的应用就是编制词频表，依此来确定不同等级的高频词汇的范围与数量。英语初学者只能把有限的精力投入到学习最常用的词汇上。最常用的词汇并非凭知觉和主观经验判断来确定的词汇,而是基于语料库的词频统计研究得出的高频词汇。由此,词频统计研究直接作用于词汇教学中,对"教什么样的词"的决策,是客观有效的。根据 Kucera 对 Brown Corpus 的统计,最常用的 1000 词汇覆盖了普通文本 72% 的内容;最常用的 2000 词汇覆盖了文本 79.7% 的内容;而最常用的 4000 词占文本内容的 86.8%。由这一统计得知:最常用的前 2000 词汇覆盖了大约 80% 的文本内容,而后 2000 词汇则只占文本内容的 6.7%。可见,前 2000 词汇是真正的高频词,是初学者应该首先学习和掌握的词汇。除了最常用的词汇以外,还需要学习和掌握的词汇要取决于学习者使用英语的目的。不同英语使用目的都有相应的专业词汇。只有学习和掌握了基本高频词汇与相应的专业词汇,才有可能进行相应专业的学习、研究与运用。高频词表极具价值,一方面帮助确定词汇教学的内容,明确教学重点,安排教学次序,为教师与学习者提供各种有效参考;另一方面能满足不同学习者的需求,获得学习英语词汇的最佳回报,从而增强英语词汇学习的信心和提高学习兴趣。

2. 通过词语的搭配研究,准确使用英语词汇。

词语搭配是语料库的词汇研究中最活跃的领域,处于语料库语言学的中心地位。搭配(collocation)是词语经常一起使用的方式。"经常"(regularly)的含义是:词汇项目在文本里反复共现,同时出现,体现出一定的典型性,而不是一种可能性。通过词语搭配研究,可以获得限制词语同时使用的一些规则。例如,哪些前置词与特定动词同时出现,哪些动词与有关名词同时出现等。

比如,通常用 do 与 damage, duty 以及 wrong 等搭配,而不与 trouble, noise 和 excuse 搭配。因此,可以说 do a lot of damage, do one's duty,而 make 则与后者搭配构成 make trouble, make a lot of noise, make an excuse。显然,在人们实际使用语言的过程中,词项并非随意组合出现,词项的搭配是遵循一些约定俗成的规则的。词语搭配是一种意义方式,在词项的结伴和共现中,它们总是相互期待和预见的。

长期以来,人们都比较注重词语的搭配知识信息,因为这是词汇教学的一个重点,也是难点。但在实际的词汇教学中,往往在呈现词语的音、形、义以后,介绍与目标词语相关的词组、短语,而很少涉及其他方面的搭配形式。这样一来,存在两个方面的问题:

第一,这些与目标词语有关的词组或短语大多是基于词典知识,或者从自己的已有经验中提取出来的搭配形式,它们在语法上是正确的,但是否在日常生活中得到广泛的使用却不得而知。例如,大家知道 rain cats and dogs 是大雨倾盆之意,几乎在所有的英语词典里都列举了这一搭配，并且教师在教学中大多会提到它。但是，在现代英语中，人们几乎不使用这个搭配了。据统计，在1000万词语的口语语料库中，它一次也没有出现过；在9000万词的书面语料库中，只出现了一次。所以，学习此类过时的搭配已不具备实用意义，因而没有太大价值。

第二，搭配的概念范围太狭窄。在词语搭配时，要充分考虑"习惯性共现"的各种可能的情况，而不仅仅局限于约定俗成的词组。显然，解决以上两个问题的途径都在于以语料库为基础的词语搭配研究。教师利用现代计算机技术，可以迅速方便地从包含数百万以至上千万词的语料库中把某个词或短语出现的全部实例检索出来，并且统计出该词或短语出现的频率。这样，教师能更准确、全面地建立词汇之间的联系，认识各种语言形式在实际交际中的意义和用法。一方面，突破词组、短语的局限，获得比较全面的词语搭配信息；另一方面，去除那些过时的无用搭配，学习现实生活中真正高频共现的词语搭配，减少词汇教学中呈现词语搭配的随意性与局限性，提高词汇学习的质量和效率。

3. 通过提供词汇句法层面知识信息，正确运用句法。

词汇教学的内容包括词汇形式、发音、拼写、词根、词源，使用词汇的语法规则、搭配、功能、意义等多个方面。显然，在如此丰富的内容里，除了基本的音、形、义之外，词汇教学还包括非常重要的关于词汇的句法方面的知识信息，如"使用词汇的语法规则"以及"功能"都涉及词汇的句法层面。因此，词汇教学的范围并非仅仅局限于"词"的框架，而应该拓展到"句"甚至是"篇"的范畴。

在大学英语词汇教学中，在提供词汇句法层面，语料库有着独特的优势。其丰富的自然发生的语料能让教师和学习者获得目标词汇最常用的词性、搭配以及组词成句的规则等方面的信息。通过对包含目标词汇的语句的统计和研究，可以获得词频信息、义频信息以及最常用的词性信息，增强词汇教学与训练的针对性；通过观测词语搭配情况，可以获得自然语言发生时真实的常用搭配，以此来指导有关词语运用规则的制定，甚至对有关规则进行修正。比如：课本上讲授了 something that, nothing that 之类的正确搭配共现形式，而 something which, everything which 等被认为属于错误搭配用法，但通过运用语料库进行词语搭配研究，却发现 something which, everything which 的使用频率虽然小于前者，但也是经常被人们使用的，而且出现的次数并不少。

4. 通过提供词汇的运用语境，呈现自然语料。

在大学英语词汇教学研究中，大多数成果表现为对词汇教学的方法、技巧策略方面的研究与探讨，而对于另外一个重要环节——呈现（presentation）的关注并不多。词汇教学离不开"呈现"这一环节，如何让学习者一接触词汇就留下深刻的印象，是一个重要的研究课题。在关于大学英语词汇教学呈现方式与效果的实证研究中，发现举例环节在词汇教学呈现过程中对词汇教学与学习效果具有重大影响。所以，举例是大学英语词汇教学中呈现的一个重要讲授内容。在传统词汇教学的呈现操作模式中，教师举出的例句往往随口说出，至于例句的内容，只要包含了目标词汇，往往不做过多的考虑。这样所举的例句往往语法上完全正确，但在实际生活中可能很少使用的非真实语句。这种举例仅仅是说明了目标词汇的使用规则，把相关词汇放入一个语法上无可挑剔的句子中，来解释词语的应用规则。而它的随意性与非真实性直接影响了词汇教学呈现环节的质量，削弱了呈现效果。为避免这一弊端，就必须利用语料库所提供的海量的自然发生的语料，来进行例句练习。

教师在进行词汇教学时，参考并选取语料库中相关的真实语句作为例句，一方面可以使举例之于呈现环节更加有效；另一方面，可以得到目标词的各方面信息——高频搭配词项、高频运用义项以及常见运用词性等。语料库所收集语料的丰富性、真实性和新颖性，使学习者在首次接触例句时就留下比较深刻的印象，实现对目标词汇较深刻的理解，从而获得更牢固的储存效果，还能让学习者摆脱枯燥的词汇学习状态，以浓厚的学习兴趣持久地学习词汇。

5. 应用语料库关键词检索，丰富词汇教学手段。

关键词检索是语料库最基本、最具优势的功能。通过对关键词进行全文检索，可以将关键词及其在语料文本中的所有语境实例一同显示出来。点击某一实例还可弹出另一窗口，显示该例句所在的更大语境乃至全文。此功能可以提供有关词汇用法和意义的真实信息，并以此检验词典或教科书中提供的解释和说明。通过关键词检索，学习者可以体验词汇或词组在不同语境中的确切用法，以增加对词汇的感性认识；丰富的用法和语境，使学习者能够比较和掌握同义词之间细微的语义、语用差异，极大地方便了学习者求证疑难用法和搭配情况。语料库的关键词检索功能也为教师提供了便利。平时靠教师语言直觉无法确定的问题均可迎刃而解，编制词汇例句和即时课堂词汇练习变得轻松快捷。另外，由于许多语料库具备更新能力，与词典相比，语料库提供的例句往往更充满时代感，更贴近生活，更有生命力，从而更容易激发学生的学习兴趣。

（四）语料库在词汇教学中的展望

根据对近年来英语语料库及语料库语言学研究动态的观察和了解，基于语料库的词汇教学这一领域未来的发展趋势可以概括为四个方面。首先，在词汇教学或者英语教学方面语料库的应用是大势所趋，语料库方法将逐渐受到重视和广泛应用，也会被越来越多的师生所接受；其次，语料库的应用将从传统领域，如编写词汇大纲、教材等，扩展到新兴应用领域，如课堂词汇教学、词语搭配学习、词汇测试设计、词汇学习活动设计和计算机辅助语言学习等，从而促进词汇教学方法的变革；第三，不同的语言研究方法，如基于语料库的方法、内省法、诱导法等，会相互借鉴、融合，语料库方法的局限性会逐步得到克服；第四，随着语料库和语料库语言学研究的深入，许多语料库分析及应用软件陆续被开发出来。然而，语料库分析软件开发得很多，而应用软件较少，而且现有的一些软件需要改进和完善。

二、语料库在英语口语教学中的应用

（一）英语口语语料库的现状

口头交际与笔头交际是人类交际的两个主要渠道。就口语而言，服务行业的对话与口述早就为语言学家所注意，前者如商店、银行、旅馆、饭店里的顾客与服务人员的对话等；后者如讲故事、讲笑话等。不同的口语语体有各不相同的语言风格。近年来，对口语语体研究的范围不断扩大，如对法庭对话的研究以及求职面试的探讨，还有些语言学家对商务会谈、电视访谈、网上聊天等也表现出浓厚的兴趣。现代口语语料库的出现对口语语体的纵深研究起到了促进的作用，更重要的是给大学英语教学带来了全新的教学理念。把录音的内容转写后就可以建立一个口语语料库，然后再通过索引软件提取自己所需要的内容，这已经被广泛运用于语言研究和词典编纂中。目前建有专门的口语语料库，而有些口语语料是综合语料库的一部分，前者为纯口语语料库，后者为非纯口语语料库。

（二）语料库用于英语口语教学的可行性及优势

学习者的英语口语能力由四个部分构成，分别是：基本的语音能力、词汇语法能力、话语能力、语用能力。语料库在发展的初期，只进行词的一般分析，如词频统计等；随着语料库语言学的发展，语料库已经不仅仅进行一般的词频统计，而是增加了词的语法属性标注（如词性等）。现在更加重视对语料库做不同层次的标注，如：语音、构词、句法、语义、语用等层次的标注，重视语音特征研究、话语结构研究、语用策略研究等。现在人们普遍认为语料库的发展对英语教学几乎所有分支领域都具有启发和引导作用。在语料库的帮助下，教师很容易找到大量生动而自然的口语表达例句并提供给学生，帮助他们掌握、积累更多的表达方式，理解和掌握句子在口语中的实际用法，进而帮助他们克服畏难情绪，激发他们说英语的积极性和表现欲，提高其口语表达能力。同时，通过指导学生就特定话题查阅和检索语言资料，帮助学生逐步形成探究型的学习方式，培养他们自主学习的能力，真正体现以学生为中心的教学理念，使学生终生受益。

（三）语料库在英语口语教学中的应用

1. 口语语料库对大学英语口语教学具有促进作用

口语语料库的出现为英语口语教学和研究提供了崭新的平台。利用语料库对比的方法，从本族语者和学习者的语言输出中提取对教学有用的信息，能够有效改进英语教学。从促进英语口语教学的角度，英语口语语料库的作用主要表现在以下几个方面：

（1）帮助学生拓展语言输入的范围，提高学生英语口语水平。从英语教学的角度来看，语言输出必须建立在大量的语言输入的基础上，输入语言的量成为提高英语口语水平的重要指标。语料库使学生有机会接触各种语体，开阔了他们的视野，增强了他们语言输入的内容和范围。

（2）通过运用语料库语言学的方法，提高英语口语教学效果。通过建立学生口语语料库，将其与以英语为本族语的口语语料库进行对比，教师能对学生的口语表达能力形成较为全面和客观的了解，并从中发现学生英语口语表达中存在的共性错误和典型问题，以确定教学的难点与重点，使口语教学更具针对性，从而大大提高口语教学效果。此外，口语语料库还能够为编写英语口语教材和制定英语口语教学大纲提供准确和客观的数据。

（3）倡导数据驱动学习，培养学生语言自主学习能力。口语语料库能为学生的探究性学习活动提供素材，在大学英语课堂教学中引入语料库可以促进数据驱动学习，帮助学生培养英语自主学习能力，实现由"学会"向"会学"的转变。通过语料库，学生可以在语境中分析、归纳某个语言现象的意义及语言规律。同时，学生通过英语语境进行分析归纳，发现规律，建构自己的知识体系，逐步培养自主学习能力。

2. 英语口语语料库语言是教科书的有效补充

（1）弥补教科书单一的教学内容。从英语教学的角度来看，语言产出是建立在大量的语言输入的基础上的，输入语言的量是提高英语口语水平的重要指标。口语语料库大大地扩展了语言输入的范围，通过语料库，除了课本以外，学生有机会接触到各种语体。

（2）为英语教师提供最真实可靠的语言信息。口语语料库无疑为口语教学提供了一个可靠的语料来源，英语教师可根据自己的教学目标选择相关语料。

（3）使英语教学内容不是建立在语感上，而是建立在真实材料的基础上，使所学内容更贴近生活实际。口语语料库的使用使学生学到的语言更加接近生活实际，避免课本语言与实际交际语言相脱离，学以致用，增强学生的学习动机和学习兴趣，避免"学非所用"给学生们带来的沮丧感及其他负面影响。

（4）有助于开展任务型学习活动和实施材料驱动语言学习。口语语料库为探究性学习活动提供素材。通过语料库，要求学生在语境中分析、归纳某个词的意义以及搭配规律。在英语学习中，语言成分的搭配是比较自由的，其实这种自由度在地道的本族语表达中是非常有限的，学生会越来越意识到固定搭配在大学英语教学中的重要性。在英语表达中，不难发现这类例子：词汇和语法都没有问题，然而，却不符合地道英语的表达方式。因此，要说地道的英语就必须注意英语的固定用法与习惯表达形式。口语语料库无疑提供了地道的语境和素材。学生通过对英语各种语境的语言进行分析归纳，来发现规律，强化在做中学，建构自己的知识体系，提高探究性学习的能力。

（5）教师和学生可以建立英语学习者口语语料库，师生对语料库进行比较分析，从而找出英语学习者口语失误的规律，使课堂教学活动做到对症下药、因材施教。此外，教师和教材的编者根据学习者语料库分析提供的信息来设计教学内容和材料。我们必须意识到，在指定教材的长期统治下，师生对教材的定式思维自然会对口语语料库的使用产生一定的抵制,因为语料库中的语言材料毕竟不像指定教材那样"整洁",而是"破碎"的。因此,师生的观念需要改变。只有师生充分发挥"双主体"的作用,才能全面提高英语口语课堂教学质量。

3. 口语语料库在课堂教学中的运用

在英语学习环境中,口语语料库是教科书的有效补充,因此,在呈现教科书课文的基础上,有必要让学生了解,真正英语本族语人在相似的环境中是如何交流的。比较法更能加深学生对教科书课文和语料库内容的认识和理解。语料库可以为学生提供丰富和直观的语言素材,便于激发言说的欲望,使其有话想说、有话可说,从而达到使学生积极发言的目的。更为重要的是,语料库提供了一种学习的方法,学生就某个自己关心的话题可进行自主查阅资料、积累语料,从而提高自主学习的能力和主动性。

(四)对大学英语口语教学的启示

通过对非英语专业大学生的英语口语语料库的检索以及结果进行分析,我们对学生口语表达中存在的问题有了比较准确全面的了解。在今后的英语教学中,应从以下几个方面来帮助学生减少口语表达错误,提高口语教学效果:

(1)话语连接词用来表达句子间的逻辑关系,有助于加强语言的连贯性。教师在教学过程中不能只重视对语言形式和语法词汇的分析,还应加强对内容和语篇结构的分析,引导学生了解英文语篇的发展脉络。把重点放在对整篇内容的理解上,分析作者是如何阐明主题的,分析段落间、句子间的连接、转承方式,从而使学生进一步领会英语表达的技巧,以增强学生语言表达的条理性和逻辑性,以及口语语篇能力。

(2)口语小品词作为话语标记语的一个分支,是日常交流中使用最为频繁的标记语之一,有着不可替代的篇章和交际功能。因此,在教学过程中教师要注意小品词功能的讲解,引导学生注意小品词的使用规律及功能,确保学生在口语交际中能够灵活多样地运用小品词。

(3)引入词块教学,培养学生词块意识,提高学生的词汇搭配能力,从而使他们说出自然地道的英语。词块是具有一定结构、表达一定意义、容许不同抽象度、频繁使用的、预制的多词单位。如果学生记忆库中储存了大量的词块,在语言表达时,就能保证表达的流利性、准确性和地道性。因此,在大学英语教学中,教师首先要有意识地提高学生对词块的敏感度，鼓励学生在课文学习中发现词块，并学会灵活运用。其次，教师可以通过索引工具，运用语料库中的真实材料，向学生展示词语的典型搭配，让学生接触符合英语习惯的结构和搭配，吸收和使用符合本族语习惯的词块，减少母语干扰。最后，在大量词块输入的基础上，教师应创设更多的语言活动，为学生提供更多的语言输出的机会，使语言输入与输出相辅相成，提高语言输出的质量。

（4）针对学生口语表达书面语化的现象，教师在口语课堂中使用的话语应尽可能口语化。此外，教师可以在教学或教材编写中让学生接触到真实的、多样的、与学生水平相当的口语语料，为学生提供更多的口语练习机会，指导他们在口语表达中增强区分口语和书面语的意识。

（5）教师应在教学中对交际策略做系统的介绍，培养和增强学生正确使用交际策略的意识。教师应运用体现交际策略的"真实"听力和口语材料，为学生提供合理地使用口语交际策略的语言输入和范例，营造轻松和谐的语言环境，引导他们敢说、多说；加强对交际策略的训练，尤其是以第二语言为基础的成就策略（英语转述策略、近似策略）、停顿策略和副语言策略等，帮助他们提高口语的流利性和准确性，以促进语言的习得。教师通过对学生的自然语料进行观察和分析，能发现学生口语表达的特点和语用失误规律，从而对学生口语学习过程中存在的错误和问题有比较系统和准确的了解。只有这样，口语课堂教学活动才能做到对症下药，帮助学生掌握规范、地道的英语，有效提高学生的口语表达能力。

三、语料库在英语写作教学中的应用

（一）语料库在英语写作教学中的优势

1. 语料库可以提供大量真实的语言素材

英语教学的目标是培养学生的语言运用能力，教会学生运用鲜活的语言，以便更好地交际。"真实性"也是语言教学中交际活动的最基本要求之一。交际法强调让学习者通过使用目的语来参与相应的活动以增强其自信心，因为只有在实际中运用语言，才能达到让学习者接触目的语文化，并对其产生浓厚的兴趣的目的。首先，为了交际目的而在实际中运用的语言，比起为口述目的语特点而编制的语言更有趣，学习者学习的动力更大；其次，围绕内容展开的实际语言运用使学习者更易习得语言。这是因为实际运用中的语言不仅能为学习者提供较为丰富的"语言大餐"，而且还可鼓励学习者透过语言表层结构挖掘其中的内涵。在语料库出现以前，语言描述更多地基于本族语者的直觉和内省。对那些相信语言学习和语言学的理论描述应该建立在真实数据的基础上而不是在主观臆造基础上的语言学家来说，语料库是非常有用的资源。基于语料库的方法最大的优点在于它能够提供大量的语言数据以及一些语境方面的信息，有利于对语言进行量和质的分析。因此，语料库与本族语者的直觉相比更具可靠性。

2. 以真实语言作为输入材料更有利于语言产出

语言是文章的建筑材料，缺乏这些建筑材料，就很难写出好文章。写作属于语言输出，把语料库与英语写作教学相结合就是为了使学习者通过接触大量真实的语言材料，激发目的语学习的积极性，帮助理解输入的内涵，使输入成为可理解性输入，并被学习者掌握。同时，这种教学方法也使学习者通过运用新的语言知识，不断改正和调节他们原有的语言假设，从而使学习者语言水平得到提高。在英语学习中，运用语言能部分地起到学习者在"自然语言"环境下与本族语者进行交流习得语言的相似的作用。

英语教师应充分重视语料库中大量丰富自然的目的语语料及其有关知识的输入，并引导学生根据语言的实际情况加以使用。这样做能够使学习者清楚地了解目的语中某个词在各种不同语境下的具体用法和不同体裁的文体特征，扩展其第二语言的词汇量、语法知识等，从而有助于学习者写作能力的提高。斯温纳（Swain）认为"只有当学习者有机会进行'可理解性输出'时，有意义的语言习得才得以实现"。斯温纳论述了输出在二语习得过程中所起的作用：第一，语言输出为学习者进行有意义的练习提供了机会，目的是为了使语言在语言资源许可的范围内实现自主化，这是与语言的流利性相关的问题，而不是准确性的问题；第二，语言输出促使学习者去了解他们以往不知道或仅了解其中一小部分内容的事物；第三，输出也为验证假设提供了机会，这样，学习者会为了弄清某假设是否能够奏效而尝试使用各种表达手段。语言习得是通过发挥语言功能性和交际性作用的输出而实现的。换言之，二语教学需要为学生提供合适的机会让他们运用新的语言形式进行交流，同时也要创造一种情境使他们觉得进行交流的愿望是有意义的，他们的话语是可以被接受和理解的。学习者需要有这样的机会来说出或写出新的语言形式，以便改正和调节他们原有的语言假设。

（二）基于语料库的英语写作教学

1. 准备

在准备阶段，要求教师对语料库要做到非常了解并能熟练使用。在此基础上，还应让学生对语料库的界面和基本构成也有所了解。对学生进行语料库的介绍应在语言实验室进行，这样有利于学生在教师对之进行讲解时同步进行实际操作，有利于学生提前学会基本使用方法。

2. 实施

有了前面的准备之后，即可进入实施阶段。在该环节，首先，教师应在课堂上对所用语料库作简要介绍，同时，引导学生学习并探讨语料库在写作练习中的功能。具体实施时，教师可以设计一些练习先让学生以分组的方式来完成，然后再独立完成，以此培养学生独立使用语料库的能力。最为重要的是，教师要在课堂上给学生布置一定的写作任务，如利用语料库来查找特定词语的表达方式等，这样做不仅使学生学会运用语料库中的资料来分析自己在作文中出现错误的原因，而且也培养了学生的语言意识。就搭配、语体、体裁等方面给学生设计出练习题，让学生在语料库中找出与之相同或相近的资料进行学习。这样，学生一方面可以学到常用词的搭配方式，另一方面也能逐步地熟悉语料库的使用方法，能把词汇的学习放在句子之中甚至语篇之中进行，为他们以后的自主学习打下坚实的基础。

在后期的教学中，对语料库的使用不应仅限于词汇层面，语篇层面也要加以重视。由于汉英语篇存在较大差异，汉语为意合型，即以意义关系达到语篇的连贯；而英语为形合型，即以外显的连接进行衔接，所以衔接就是需要特别关注的重要方面，这也是中国学生在写作时的一个薄弱环节。为此，教师在英语写作教学中应适当讲解英汉语言间的差异，尤其是向学生介绍体现在写作方面的语言上的差异。让学生了解这种差异，可以增强学生对语言的认识，有利于学生更好地学习英语。同时，语篇结构也是值得关注的。教师应在教学指导中指出这一方面，同时设计相应的练习，以让学生利用语料库对汉英语篇差异有所了解。

学生在校期间能接触到的语体的类型单一，较为有限，所以语言知识的输入不足，从事写作时写出的内容往往也较为空洞。利用语料库，学生可通过观察和数据统计相结合的方式了解不同体裁写作的特点和用词特征等。关注体裁的教法可以用来指导学生对体裁的学习。通过对多种体裁的分析和研究，学生不仅可以掌握各类体裁的特征，还可以通过对比不同体裁，以及分析语步策略和语言特征，了解各种体裁的独立特征和共有特征，从而将之运用于自己的写作实践中。

3. 评估

在此阶段，教师应组织学生对所学语料库知识和在使用语料库过程中遇到的问题及其解决办法进行探讨，从中挖掘语料库更多的使用价值。在这个过程中，还应对写作任务的完成情况进行评估。评估是一种重要的学习方式，教师应组织学生对自己和他人写作任务的完成情况进行评估。

4. 自建小型写作语料库

在使用语料库进行教学的同时，教师还应鼓励学生尝试自己创建自己的小型写作语料库。利用该语料库，引导学生分析自己以往的作文中容易犯的错误。教师还应鼓励学生不断地扩充自己的语料库，收录易错的例证，或是优美语句，以备学习和参考。学生自建语料库时可以利用现有的软件开展学习活动，而不是机械地逐词逐句地输入。语料库在英语教学的各个方面都已经得到了广泛的应用，以真实可靠的、自然发生的语料为基础的语料库对语言学的各个研究领域都有着非常显著的实用价值。可以肯定，将语料库用于英语写作教学有重大意义。它可以作为重要的教学工具，帮助学生在写作中提高语言的准确性，增强文章结构的连贯性，丰富文章的内容。当然，语料库在写作教学中的应用远不止于此，其教学效果还有待于进一步进行实证性研究。

四、语料库在英语翻译教学中的应用

（一）词语的英汉对译

学生在翻译实践中为什么用不上自己掌握的词汇？主要原因就在于英语和汉语中绝大部分词语都不能一一对应。如果利用平行语料库提供的大量的带有真实语境的例句，学生

就能够掌握不同语境中同一词语的不同译法。比如"克服"这个词,学生对它的英译会脱口而出"overcome",如:

人们用这些小玩意儿克服沉默,与人交往。

英译:People use the gadgets to overcome their reserve and make contact.

(二)固定结构的英汉对译

英语和汉语中都有一些常用的句型和特定结构,在具体翻译时该怎么处理,不是一句两句话能够解释清楚的,通常要求学生要具备对两种语言的双向掌握,这可以由平行语料库来提供帮助。下面通过"把"字结构的对译来说明这一点。如:

(1)它会把我们带到哪儿呢?

英译:Where would it take us?

(2)最好把沙拉碗弄成彩色的。

英译:Try to get a little color into your salad bowl.

(3)我们把汽车停在她的房子外面,坐在车里谈心。

英译:Parked outside her house, we sat in the car and talked.

(4)他用双手把我抱了起来,并送我回了家,我记得当时认为他是那么高大和强壮。

英译:He scooped me up and carried me home, and I remember thinking how tall and strong he was.

(5)每天我快快乐乐地下山把垃圾倒在堆肥堆上。

英译:I delighted in my daily trip down the hill to dump the refuse on the pile.

(6)她把那首诗放在钱包里作为精神支柱。

英译:She is carrying that poem in her wallet for moral support.

以上例子可以说明,平行语料库应用在翻译教学中,确实有助于学生解决翻译实践中遇到的实际困难。目前出现的问题是很多语料库的使用还存在一定的限制,在线语料库中的语料还不是很充足。G.库克(G.Cook)曾说过:"要实现语料库研究从语言学研究到语言教学的跨越,绝非一朝一夕之功。"随着语料库语言学的不断发展,平行语料库在翻译教学上会有更广阔的使用前景。

五、语料库语言学在大学英语教学中的意义

（一）语料库语言学在词汇教学中的运用

词汇教学是英语教学的基础。在传统课堂上，教师往往花费较多的时间讲解单词的音、形、义，督促学生强化记忆。学生掌握的词语意义和用法往往过于单一、死板，运用起来捉襟见肘。有些学生甚至找汉语中的对等词来记忆，不仅浪费精力，而且易造成误解。现实语境中的词语不是孤立存在的，而是处于和其他词语的搭配中，并产生共有意义。这在语料库语言学中被称为词语的"结伴关系"或"共现关系"。基于统计学上的定量分析，只要一词与另一词的共现频率达到一定标准，它们之间即可被认定是搭配关系。查尔默将词语搭配进一步界定为"以等同形式超过一次重现，并构成良好语法的词汇系列"。两种说法都突出了掌握搭配对词汇学习的重要作用。学习者最终能否掌握英语，关键在于能否熟练运用典型搭配。现代语料库的应用可以使词汇教学不再局限于单词的孤立讲解。

语料库语言学在词汇教学中运用的基本方法是：输入要讲授的词作为"节点词"进行搜索，提取该词在语料库中所有的搭配词。在每行索引中，节点词居中呈现，左右构成其语境的词语被称为"跨距"。统计中，教师要把偶尔共现的词排除掉。只有那些与节点词反复共现的词才被认定为典型搭配。事实证明，节点词的意义正是"存在于与之结伴的别的词项之中"，正是典型搭配赋予了它丰富的含义。教师通过对典型搭配的分析，可以呈现节点词的含义和用法，加深学生对该词的印象。当前，将语料库引入词汇教学不仅可以将教师从烦琐的词汇讲解中解脱出来，提高教学效率，而且有助于学生由被动学习向研究型学习转变。

（二）语料库语言学在语法教学中的运用

在当代语料库语言学家辛克莱看来，语法与词语是一种"相互渗透"的关系。词语具有意义潜势，同时，在搭配和用法上也具有语法潜势。两种潜势都在语言交际中呈现出来，形成一种相对固定的词汇和语法机制。这种机制在语言使用中被称为"共选关系"，即"一定的词语和意义总是以一定的语法形式表现出来，一定的语法结构也总要以最经常和最典型的词语来实现"。因此，词汇教学和语法教学是密不可分的。语料库对词汇教学的作用也同样体现在语法教学中，并对传统语法教学理念形成挑战。传统语法教学秉承"规定性

语法"教学模式，着重讲解句法结构。与此不同的是，基于语料库的现代语法教学更加侧重语法与词汇意义的"共选关系"，更倾向于"描述性语法"的教学理念，用大量生动的自然语料来呈现词句搭配中的语法规则，更加注重语言运用的区分度和准确性，使学生接触到更多地道的英语，以增强学生对语言交际的感知力。通过语料分析可以看出，在语言交际中，句式的选取往往不是为了验证或运用某个句式，而是对其进行词语填充；相反，人们总是为了准确地表达某个意义而随机选取最合适的词汇和句法结构。意义永远是第一性的，形式是第二性的。

语言教学的目的就是让学生掌握真实的语言。有些语法学家依靠个人直觉，为说明和论证某种理论框架而杜撰和自造的句子没有太大的效度，在很大程度上很可能会将人为的结构强加于实际语言运作，会对真实语言运作产生曲解。为避免这种人为的杜撰和扭曲，现代语法教学中多利用真实语料作为语法讲解的依据，这就是辛克莱（Sinclair）所说的"自然发生数据"。这种新的描述与解释不仅能够将学生从大量的句法结构记忆中解放出来，也能使语法学习充满乐趣。教师可以引导学生借助语料库自行分析、总结句法规律；通过研究句式的演变趋势，还可以预测未来语的发展态势。这样一来，语法教学就不再是灌输式讲解，而是转变成探讨性研究了。

（三）语料库语言学对英语教学其他方面的意义

在修辞学和文体学的教学研究方面，可以借助语料库中的鲜活文本和自然口语数据提供大量的素材。如在具体语境中，如果某些性质相似的词语和关键词反复出现在文本之中，则关键词也就具有了相关的语义特点，这就是通常所说的"语义韵"。因此，学习者如果要判断文本的修辞，只需要搜索某一个关键词语，再抽调语料库中相对应的文本进行语义分析；如果是文学文本就可以据此推测文本的社会环境、写作背景、思想动态等信息。由此可知，语料库不仅对文学教学中的语段分析与阅读理解具有重要意义，还能够充分调动学生参与课堂教学的积极性。虽然语料库语言学以抽象的状态呈现，但是也具有很强的实用性，这不仅体现在高校英语教学中，而且在中职院校英语教学中也发挥出不同的作用。随着文化的发展，人们在日常生活中应用语言学的机会越来越多，也促进了学科的不断发展。

总之，科技手段与信息技术的大力发展使语料库语言学对高校英语教学产生了巨大的影响。语料库语言学既为语法、词汇、修辞、语言学等各学科教学带来了深刻的变革，也推动了英语教学理念与方法的进步，还使得课堂教学的信息量更加丰富，在很大程度上提高了学生的自主创造性。

第五章 大学英语教学模式的构建与创新

随着我国高校英语教学改革的不断深入，大学英语课程体系和教学模式呈现出新的特点和趋势，信息技术对传统教育的影响逐步加深，云计算、大数据、人工智能等的广泛应用使我国高等英语教学进入智能化、感知化、泛在化的智慧教学阶段。为了适应我国大学英语教学改革，大学英语教学模式应进行积极创新，以便适应教育发展的大趋势，培养出更多满足社会需求与国家发展需要的英语人才。

第一节 多维视角下的大学英语教学模式

一、大学英语教学模式的实践

（一）任务型教学模式下学生自主学习能力的培养

1. 任务型教学模式的含义及特点

任务型教学是由之前交际法发展而来，是 20 世纪 80 年代英语教学研究者经过大量研究和实践提出的一个具有重要影响的语言教学模式，该模式是 20 年来交际教学思想的一种发展形态，它把语言运用的基本理念转化为共有实践意义的课堂教学方式。学生在教师的指导下，通过感知、体验、实践、参与和合作等方式实现任务的目标，感受成功。该模式提倡"意义至上，使用至上"的教学原则，是一种以人为本，以应用为动力、目标和核心的教学途径，要求学习者通过完成任务，用英语进行有目的的交际活动。

任务型教学模式中的"任务"可分为两类，一类是"教学任务"，即学生在课堂上的学习活动；另一类是"真实任务"，即在日常生活中从事的各种各样的事情。"任务"中的问题不是语言问题，但需要用语言来解决，学习者使用语言并不是为语言本身，而是利用语言的"潜势"达到独立的交际目的。任务型教学模式是交际法的一种新的形态，是交际法的发展，而不是交际法的替代物；任务型教学强调教学过程，力图让学生通过完成真实的生活任务而参与学习过程，从而让学生形成运用英语的能力；任务型教学虽然强调学生运用英语进行交际的能力，但从更广泛的层面强调培养学生的综合运用能力；任务型教学强调以真实生活任务为教学的中心活动，修正了以功能为基础的教学活动中存在的真实性不足的问题；任务型教学要求教学活动要有利于学习者学习语言知识、发展语言技能，从而提高实际语言运用能力。

2. 任务型教学法的基本原则与教学过程

任务型教学法是指"将任务置于教学法焦点的中心，它视学习过程为一系列直接与课程目标联系并为课程目标服务的任务，其目的超越了为语言而练习语言"，即一种将任务作为核心单位来计划、组织语言教学的途径。任务型教学过程分任务前阶段、任务阶段和语言焦点阶段。任务前阶段包括介绍话题和任务。在这一阶段，教师和学生一起探讨话题，教师着重介绍有用的词汇和短语，帮助学生理解任务指令和准备任务。这个阶段主要为学习者提供有意义的输入，帮助他们熟悉话题，认识新词和短语，其目的在于突出任务主题，激活相关背景知识，减少认知负担。任务阶段包括任务、计划和报告。学生以结对子或者小组活动的形式完成任务，教师不进行直接指导。学生以口语或者书面的形式在全班汇报他们是怎样完成任务的，他们决定了或发现了什么，最后通过小组向全班汇报或者以小组之间交换书面报告的形式来比较任务的结果。这个阶段为学习者提供了充分的语言表达机会，强调语言的流利性，交谈中语言的使用应该是自然发生的，不要求语言的准确性。语言焦点阶段包括分析和操练。在这一阶段，着重分析课文中出现的语言特点和难点。在分析中或者分析后，教师引导学生练习新的词汇、语法并指出语法系统是极其有价值的。这个阶段的目的在于帮助学生探索语言系统知识、观察语言特征并将它们系统化，从而清晰、明了地掌握这些语言规则。任务型教学的倡导者认为，掌握语言的最佳途径是让学生做事情，即完成各种任务。当学习者积极参与目的语的练习时，语言也就被掌握了。学生注意力集中在语言所表达的意义上，努力用自己掌握的语言结构和词汇来表达自己的思想，交换信息。任务型教学追求的是给学生提供大量的、尽可能丰富的内容，让学生明确自己的学习目标，并在交际过程中合理分配注意力，从而使语言运用能力得到持续、平稳的发展。

（二）内容型教学模式在教学中的应用

1. 内容型教学法的基本原则

（1）教学决策建立在内容上

语言课程的设计者和教材的编写者在设计阶段面临的两个问题就是内容（包括哪些项目）的选择和排序。在传统的教学方法中，不少方法如语法翻译法、听说法，它们通常按照语法的难易程度编写。例如，一般现在时比其他时态更容易学习，在教材的编写和教学中自然处于优先学习的地位，根据此原则编写的教材和教学内容，把容易学习的内容放在初学阶段。然而，内容型教学法颠覆了传统方法中内容的选择和排序原则，彻底放弃了以语言标准作为教学的出发点，而是把内容作为统率语言选择和排序的基础。

（2）整合听说读写技能

以往的教学法常常以分离的、具体的技能课如语法课、写作课、听说课的形式进行教学。内容型教学方法则在整合听说读写四项基本技能的同时，将语法和词汇教学包含于一个统一的教学过程之中。由语言交流的真实情景，以及语言的交互活动涉及多种技能的协同合作，派生出这项教学原则。同样，内容型语言教学反对在课堂上按照先听说、后写作的教学顺序开展。它没有固定的、一成不变的技能教学顺序；相反，它可从任何一种技能出发。可以看出，这一原则是第一个原则的引申，是内容决定、影响教学项目的选择和顺序的具体表现。

（3）教学的每一个阶段都要求学生积极、主动地参与

自交际法产生以来，课堂的中心从教师转向学生，"做中学"成为交际语言教学的基本原则之一。任务型教学法是交际法发展的分支，它强调学生应在完成任务的过程中进行探索性、发现性的学习。同样，内容型教学法也是交际法的分支，它重视学生在参与学习的过程中积极主动地学习。主张内容型教学模式的学者们认为，语言学习应产生于将学生暴露于教师的语言输入中；同时，学习者还可以在与同伴、同学的交往中获得大量的语言信息。因此，在课堂的交互学习、意义协商和信息收集以及意义建构过程中，学生承担着积极的社会角色。

（4）学习内容的选择与学生的兴趣、生活和学习目标相关

内容型教学法的内容选择最终取决于学生和教学环境。教学内容通常与具体的教学和

教育环境中的教学科目平行进行。因此，在中学阶段，英语教学内容可以来自学生在其他科目如科学、历史、社会科学中学习的内容。同样，在高等教育中，学生可以选修"毗邻"语言课。"毗邻课"是两个教师从两个角度教学同一内容，从而达到不同的教学目标的课型。在其他教学环境中，教学内容可以根据学生的未来发展需要和一般的兴趣特点进行选择。事实上，由于对于哪些内容是学生普遍感兴趣或者直接相关很难确定，教材的编写者、使用者都很难把握这一原则。但是，运用内容型教学法由于每个内容单元的教学时间长，教师有大量的时间和机会把课程内容与学生的兴趣以及他们已经具备的知识结合起来。因此，让学生对所选内容感兴趣是内容型教学理论实现的重要基石。

（5）选择"真实的"教学内容和任务

内容型教学的核心是真实性。它既要求课文内容的真实，又要求任务内容的真实。一首歌谣、一个故事、一段卡通都可以作为真实的教学内容。把这些真实的内容放置于英语教学课堂上，将改变它们原本的目的，从而服务于语言学习。同样，任务的真实性也是内容型教学的目标，反映真实世界的实际状况。

2. 内容型教学法的教学模式

（1）主题模式

主题模式通过主题形式来组织教学。主题教学模式强调学习语言所表达的意义，但并不忽视对于语言形式的学习。学生通过主题的建构，学习有关社会生活的知识，通过细节环节，学习词、短语、句型和语法知识，从而把意义与形式有机结合起来。要实现教师引导与学生自主学习的统一。教师的职责在于为学生创造学习的语境，并给予正确的引导与示范。教师把以主题为主的认知结构的建构、拓展和深化的任务交给学生，这样，就从真正意义上培养了学生的自主性。

（2）附加模式

附加模式是指语言教师和学科内容教师同步教授相同的内容，但是他们的教学重点和教学目的不同。语言教师的教学重点在于语言知识，完成语言教学目标；而负责学科内容的教师重点在于对学科内容的理解上。例如，一个英语教师和一个心理学教师都以心理学为内容进行教学。其中，英语教师将心理学材料作为英语语言课程的内容，其教学目的是提高学生的英语使用能力；而心理学教师的教学目标是完成心理学学科内容的教学。因此，在英语教师的课上,学生的主要任务是通过对富有挑战性的内容的理解和吸收,从而较快地理解难度较大的内容,并在语言教师的指导下,快速学会语言。

(三)整体化教学法在大学英语课堂教学中的应用

1. 导读

导读就如同那种介绍背景、人物故事情节以至高潮的电影预告节目,能使学生对阅读的内容进行预先了解,从而提高理解水平。在大学英语教学中,必须注意它的文学性。在导读中对课文的文学作品的作者、背景及人物传记等应该用英语向学生进行概括的介绍。教师要不失时机地介绍他们的生平和所选课文的背景知识,这样,既扩充了学生的知识,又为学生提供了有益的材料。在此基础上,让学生听录音,以激发学生的阅读欲望,提高他们的能力。知识是能力的基础,一个人的知识越丰富,他的思维就越活跃,创造能力就越强,阅读能力也会得到相应的提高,反之亦然。

2. 阅读

教师的责任在于组织学生的认识活动,提高学生的自学能力。我们在教学中不仅要给学生以"面包",更要给学生以"猎枪"。对于语言来说,形为意先,意为形用。我们在教每篇课文时,都应该经历一个先泛后精的过程,制定阅读目标,利用一课时让学生通读全文,指导他们哪些要略读,怎样猜测词义,怎样找出主题句、过渡句,等等。迅速正确地理解段落是培养学生阅读能力的要求,在教学中引导学生用英语找出段落大意,这是培养学生分析和概括能力的有效途径。在整体教学实践中,我们可以采用四步教学法,即指导好课前课文预习;反复阅读整篇课文,逐步加深理解课文的内容;学习课文的语言结构;运用课文的语言结构。这四个步骤是一个整体,相辅相成,抓住整体求部分。

3. 叙述

(1)模仿叙述

任何创造均始于模仿,模仿叙述是创造叙述的准备。通过叙述,有助于学生理解课文、丰富词汇和提高口头表达能力。

(2)创造叙述

创造叙述是叙述的高级阶段。引导学生在叙述中联想,在叙述中创造,启发学生突出作品的关键,发展故事情节。采用的方法有拟人化法、改换体裁法、分配角色法、变换人称法、综合法等。

4. 讲评

英语学习是实践——认识——再实践的过程。因此,我们说,课外作业布置和批改是教学中的一个重要环节。教师在批改和讲评的过程中,必须遵循教师的主导作用和学生的积极性相结合的原则。我们在作业的过程中,启发学生发现问题,提出问题,鼓励他们开动脑筋,自己解决问题。教师抓住提示、疏导、设疑、解疑这四个环节,发动学生自己改错,自获结论,从而逐步减少教师对学生学习的掌控。学生的作业全由教师收来"精批细改"并无多大益处,而是应该采取师生结合批改的方法。我们可采取学生自改、学生互改、教师评改、共同讨论这四个步骤,对学生的错误进行分析,经过错误识别、错误释义和错误解释三个过程,创造轻松的氛围,开阔学生的思路,巩固其所学知识。教师在批改作业中应该养成这样一个习惯:罗列学生的错误,归纳错误类型,然后展示给学生,引导学生自己纠错。改错法是贯彻发现法的一个很好的途径。学生在改错中比较,在比较中鉴别,在鉴别中掌握知识。发现问题是解决问题的前奏。教师在评述作业中让学生自悟,促进知识的内化,这就是教师的主导作用。导读、阅读、叙述和讲评是贯彻整体教学法的四个重要环节。把课文作为一个整体来教,这是符合学校情况的教学方式,我们通过符合学情的教学方式进行系统的掌控,可以取得最优的教学活动效率。

二、美学视角下的大学英语教学模式

在求知的路上阅读哲学书籍,有利于思想体系的丰富、完整。作为哲学领域一个分支的美学,也理应受到我们的关注。如果利用得当,美学就会对英语教学起到不可估量的作用。文本是指作品与读者发生接触关系前的自在状态,是属于作者的东西,具有意义势能;在审美主体与作品发生鉴赏关系后,作品已由作者创造的对象,变成了由鉴赏者继续创造的对象,作品的意义势能已经转变为动能而做功。在大学英语教学中,我们不能要求学生做这样的纯美学的鉴赏主体,对文本的基础意义决不能断章取义。

（一）英语教学与美学在理论上的结合

1. 师生互为审美主客体，英语为双方共同的审美客体

人类的审美活动是人类一切活动中最基本的活动之一，对美的追求是人类的一种永恒追求。人类对世界的改造，也总是按美的规律来进行的，而且这种改造活动总是从不自觉走向自觉的。大学英语课堂教学，实际上也是一种人们改造世界的实践活动。教师通过传授英语知识，使学生们从初步掌握再到灵活运用，再到用于社会、改造社会的目的。这种实践活动是一个漫长而又艰苦的过程，经常伴随着失望与挫折。若再加上大学英语教学课堂的枯燥无味，师生不善于发现英语语言中的美的规律，英语的教与学势必成为为教而教、为学而学的负累。

审美主体，指审美行为的承担者，它是精神活动、情感活动、自由生命活动的主体；审美客体，就是具有审美价值，能满足主体审美需要的客体。在大学英语教学中，教师与学生互为审美主客体，英语作为课堂上的目的性语言成为师生共同的审美客体。在课堂上，如果教师把一堂课讲得错落有致、酣畅淋漓，那么不仅达到了教学目的，完成了教学要求，还会让学生欣赏到教师的讲课风采，领略到英语本身的魅力，激发其对英语的兴趣，那么，我们就可以说这位教师真正懂得讲课艺术，而且也理解英语教学中美的规律。同样，若学生很快领会教师的意图，与教师积极认真地配合，则此时教师就可作为审美主体，来欣赏学生在学习和运用语言时所发挥出的创造性的美。

当我们说某物是美的，这就意味着我们对该物抱有一种肯定性的态度和情感，而这种态度和情感则是同该物对我们的身心具有一种能引起愉悦感的作用相联系的。英语，作为英语课堂上师生共同的审美客体，自然有它本身的合目的性和合规律性。首先，随着全球经济一体化的加速发展，作为公认的、共同的语言交际工具的英语受到各国的广泛重视，各种频繁的文化、技术交流要求人们在尽量不使用翻译的情况下能直接熟练地运用英语进行对话、谈判、信函往来等。因而，英语对于我国大学生来说，已成为将来进入社会的必备的谋生手段之一。所以，英语是符合社会发展需要可满足广大青年学生参与改造社会的愿望的，它是"合目的性"的；其次，美学中的"合规律性"是指事物属性因素的有规律组合，如整齐一律、调和对比、均衡对称、比例匀称等。熟悉语言学的人们都知道英语语言学包括音韵学、音位学、语义学、修辞学等，专门研究英语语音的韵律、词形转换的均

衡对称、语法的整齐一律、修辞的多样统一等。这一切表明英语有其内在的规律性。所以说,英语是符合美学规范的,关键在于我们要透过表象挖掘其潜藏的美的规律。

2. 学习话语,培养审美兴趣

形象、生动、凝练、富于音乐性是文学话语的普遍特点。人们一般把话语分为普通话语和文学话语。普通话语是外指的,即指向语言符号以外的世界,普通话语必须符合生活逻辑,经得起客观真理的检验;而文学话语则是内指的,即指向文本中的艺术世界,有时它可不必完全符合生活逻辑,只要与整个艺术世界氛围相统一就可以了。杜甫的"感时花溅泪,恨别鸟惊心"就明显地违背了现实生活逻辑,也正因为这样才成为千古佳句。培养审美兴趣就是要深入体会这些内指话语的蕴涵性,尽量把握其心理内涵。"感时花溅泪,恨别鸟惊心"中的"花"和"鸟"已被伤感、悲戚的心绪所浸染,而"食粮、避风港、船锚"则表现姑娘对心上人的无比信赖和依恋的缠绵情怀。

3. 交际教学法中美学的存在

人类的审美需要,本质上是一种"乐生"的需要,而所谓审美活动,实际上就是一种人通过自身的生命活动而获得快乐的活动。"乐教"之所以为古代教育家特别重视,是因为它不是一种强制性的教育手段,而是一种寓教于乐的、以心灵感化为特征的教育方式。

观西方英语教学史,在历经语法——翻译法——直接法——听说法等后,交际语言教学法受到普遍关注,近年来此种教学法在我国也颇流行。交际法要求"教师知道学习者的需要和兴趣,而且能设想出各种方法去利用这种了解选择语言输入,创造比较现实的练习语言的活动。教师应该比较灵活,能够成功地组织以教师为中心的、有控制的第二语言形式教学,又能组织比较自由的、控制不严格的练习,提高学生的流利程度,还能够创造良好的、互相配合的课堂气氛"。

在采用交际法进行英语教学时,如果再有意识地应用美学思想,正确地引导学生发现英语的美,那么,学生们在学习的过程中就会觉得更加轻松与愉悦。这也符合自然教学法中的"情感筛选"原则:情感筛选严格的学习者没有学习动力,使用第二语言时感到紧张与尴尬,所以能够习得的语言输入是很少的;有信心的、热情的学习者,情感筛选不太严格,他们会去寻求尽可能多的语言输入,而且其中的大部分会被吸收。

（二）英语教学与美学在实践中结合的尝试

1. 在听力训练中欣赏语音美

听力在学习语言过程中是极其重要的。按乔姆斯基的普遍语法说，人类先天就有对语言的感应。那么，90%感应是通过后天听来验证的。小孩子在未出世时通过听周围的说话声便学会了说某种语言，因而，听力在学习英语中的重要性可想而知。我国学生在学英语时听力条件非常薄弱，没有足够的英语电视、广播，没有足够的外籍教师。因而只能因陋就简，在听力课上引导学生领略纯正英语的音律美。英语不像中国的方块字，读起来字字铿锵，掷地有声。它是一种流线型的文字，高低起伏，里面的重音及升降调，时时似峰回路转，又激起千层浪。再加上连读、爆破、弱音等各种语音形式，使得英语听起来颇有余音绕梁、韵味无穷的美妙。有些学生在中学时从未上过听力课，到大学刚一接触语音室便如临大敌，紧张得茫然不知所措。绝大多数学生都是为听而听，为了考试过关只求做题准确，非常疲劳。这时，遵循美学原理中人类"乐生""乐教"的审美原则，耐心指导学生，放松心情，揣摩英语特有的韵律，而不盲求准确率与速度，细细品味、体验，并且教学生用听写的方式记录下听到的内容，标出音调变化。然后，让学生模仿纯正流利的语音语调，读出节奏，读出高低起伏，从而达到在听力训练中愉悦地感受英语语音美的目的。

2. 在课文讲解中展示英语的意蕴美

在美学原理中，主体审美尺度里的形式意蕴尺度指根源于人的社会文化心理结构和作为社会生命体的活动规律，它侧重于形式所蕴含的社会意义。这也正是给学生讲解精泛读课文时的重点所在。因为学习一种语言，不仅要学习它的词汇、读音、语法，更重要的是学习语言形式所承载的社会文化信息，欣赏它展示给学习者的意蕴美。意蕴是指文本所蕴含的思想、情感等深层次的东西，它所表现的内容可以归根于历史、现实社会或哲学范畴。

第二节 大学英语教学模式改革策略

一、传统英语教学模式

传统的大学英语教学模式束缚了学生学习潜能的发挥，这种模式的特征主要有：

1. 教学环境和学习环境单调、呆板，教学过程程式化、填鸭式教学现象严重；
2. 以教师为中心；
3. 学习成绩与四、六级考试挂钩，侧重阅读，忽视口语；
4. 将语言拆分成零散的语法、词汇、惯用语等语言点进行分析、对比；
5. 忽视课外学习内容和活动的安排；
6. 教师与学生交流沟通少。

由以上的分析不难看出，传统大学英语教学模式已滞后于现代社会发展的需要，改革势在必行。大学英语教学界对教学模式转轨达成了以下五个方面的共识：

1. 转变教学指导思想，从知识型教学转向技能型教学，由以知识为本转向以技能为本；
2. 确立新型英语教学目标，改革教学效果的评价体系，真正做到以考察交际能力为目的进行教学；
3. 改革教学方法，从重"教"转向重"学"，培养学生良好的学习策略；
4. 教学手段多样化，由"书本＋黑板"教学转向多媒体教学；
5. 扩大教学视野，由"语言技能"提升至"跨文化交际"。

二、大学英语教学模式的改革策略

（一）坚持用英语组织教学的模式

大学英语是一门实践性很强的课程，它的特殊性在于英语既是教学的对象，又是教学的手段，它有利于将教师的教直接转化为学生的练。外语教学的目的不是向学生介绍有关外语的知识，而是要培养学生实际运用和驾驭语言的能力。迈克尔·韦斯特指出："语言教师最大的缺点和最流行的通病是讲得太多。他试图以教代学,结果是学生什么也学不到。"叶斯帕森说:"教好外语的首要条件看来是更多地让学生接触外语和使用外语。"的确,坚持用英语组织教学是精讲多练、学以致用的最佳途径,经常性地输入有利于学生将来的输出。从心理学的角度来看,经常性的复现,是克服遗忘现象最有效的办法。同时,用英语组织教学是英语学习良好的精神风貌和成就感的保障。再者,语言是思维的工具,人类的思维方式、思维过程、思维结果都必然要在语言中反映出来。

(二)以学生为中心的教学模式

传统教学模式以教为中心,重视教法,忽视学法,而以学生为中心的教学模式与传统的教学模式截然相反,它主张挖掘学生自身已掌握的知识和学习经验,使教学内容更加切合实际,也更容易被学生深切地感知,学生的需要成为一切教学活动的源泉。教师如何引导学生有效地掌握学习策略,充分吸收语言输入,是以学生为中心的教学模式的关键。以学生为中心,学生要担当起输入信息的主要任务,从而保证所学内容的关联性。以学生为中心的大学英语教学模式并不否认教师的主导作用,而是要求他们改变以讲授为主的"满堂灌"的教学模式,从原来的传授者变为身兼多重角色:教师是学生语言实践活动的鼓励者和合作者,教师应积极、真诚地投入到课堂活动中,提出自己的想法和意见,或者根据自己的经历和体会给出一些良好的建议;教师是学习策略的培训者,为学生找到适合个人特点的学习方法;教师给予学生及时的帮助,使教学活动更加有效;教师是整个教学活动成果的检测者,为学生的进步提供必要的反馈,尤其是在语法、测试等活动中,教师的这种作用显得尤为突出和必要。教师的这种主导作用体现在教师的合理引导,而不是保姆式的全程服务。以学生为中心的教学模式的优点是一目了然的,学生的潜力可以得到充分发挥。教师和学生能够不断地进行需求分析,课程资源可以得到有效开发,学生在有效的实践中逐步培养英语的交际能力,学生之间互教互学、交流学习经验成为可能。由此可见,良好的师生关系、良好的学风、良好的精神风貌将英语学习导入良性循环。

(三)任务型教学模式

教育部制定的《大学英语课程教学标准》明确指出,教师应该避免单纯传授语言知识,要尽量采用"任务型"教学法。任务型语言教学模式所追求的是语言习得所需要的理想状态,即大量的语言输入与输出、语言的真实使用、学习者的内在动机。任务型语言教学可以最大限度地激发学生的学习动机。任务型教学模式一般分为三个阶段：任务前、任务中、任务后。任务前，教师介绍本课的主题。教师可以帮助他们回忆在进行主要活动时所需要的单词和短语，也可以学习一些对进行该任务很重要的新单词和短语。任务中，学习者分小组进行活动（通常是阅读或听力练习或是解决问题的练习），然后向全班汇报他们是如何完成任务的，他们的结论是什么，最后，他们以口头或书面形式把发现介绍给全班同学。任务后，把重点放在语言上。成功的任务设计应达到：使学生学会用所学的语言进行交流；能使学生在课堂内演练真实交际时所需要的语言技能；能激活学生心理和心理语言学的学习过程，使学生的心理压力降到最低限度；最大限度地发挥他们的学习积极性，让学生对自己的错误持积极态度，明白犯错误是正常语言学习过程中必然经历的阶段。在语言的使用方面，采用各种各样的任务，可以使学生有机地综合运用他们所学的语言，在交流中学会运用。这种交流使学生把注意力集中在语言表达的意义上，以运用语言和完成任务为最终目标，从而减少他们的心理压力。这个阶段的语言活动通常可以在小组或结对练习中完成。应体现以下特点：贴近生活的语言使用环境。交际的双方之间有信息差，解决实际问题，发挥学生的自主性或创造性。任务型教学法是一种值得推崇的、有利于发挥大学教师和学生创造能力的新型教学法，在大学英语教学中实施可帮助学生培养在真实环境中综合应用英语的能力，"用看得见的方式体会自己的进步"。学生在完成任务时是为了交际而运用语言，不是为了学习语言用法而运用语言，学生的注意力在语言意义而不是语言形式上。

（四）文化导入的教学模式

我国的外语教学在很长一段时间内把主要精力集中在语言知识的传授上，而对社会文化因素却视而不见。由于忽视了语言使用与文化因素的相互作用，大部分学生尽管语法知识掌握得很好，词汇量也很大，但严重缺乏有效地运用语言进行交际的能力，学生往往把本民族的文化内容盲目地套用到外语交际中去，这种语用失误的例子可以说是俯拾皆是。拜伦（Byram）提出："语言学习者不可能一下子摆脱自己固有的文化而轻而易举地获得另一种文化。"语言既是信息的载体，又是文化的载体。语言与文化是密不可分的，语言背景、情景、内容都离不开文化，语言交际能力不仅包括语言能力，还包括对社会文化方方面面的了解。教师在传授语言知识的同时，也传递了各方面的文化知识。因而，外语教学是在文化中教语言。文化导入的教学模式旨在通过课堂教学提高、培养学生的语用意识和跨文化意识。在文化导入的教学模式下，语言教学和文化背景知识教学同时并举、相得益彰，教师结合教材内容，有计划、有步骤地向学生介绍英语国家的文化背景知识，这些背景知识涉及政治、经济、历史、地理、教育、文艺、社会制度、生活方式、风土人情、社会传统、民族习俗等方方面面。对于存在文化差异之处，有意选择语用难点进行讨论，让学生有机会比较两种文化的共性和差异，逐渐培养学生对其差异的敏感性。

（五）多媒体教学模式

传统的大学英语教学模式局限于教师的口头讲授，教学手段单一，一本书、一支粉笔的教学使得学生在被动接受教师灌输的过程中兴趣索然。多媒体教学模式能够利用计算机和多媒体课件创造良好的学习环境、真实的教学情景，在这种模式下，教师得以将历史事件、人物、地点生动形象地呈现给学生，图文并茂，画面感强，易于给学生留下深刻的印象，学习内容易记难忘，不容易产生乏味感。听、说、读、写、译等各种技能的训练有机协调于同一时间段，真实的材料、真实或接近真实的场景与可反复使用、资源共享等特点保证了多媒体的教学效果和效率。多媒体教学模式方便了学生课内课外的语言输入，有利于强化语言学习过程。如果将多媒体教学与交际法教学结合起来，效果更佳。有些学校的课堂教学设计包括问题导入、进入课文、演练、讨论总结和结束五个部分。课堂教学以学生为中心，围绕学生展开活动，营造有利于交际的语言环境，激发学生的想象力和创新精神。教师在教学的五个步骤中要保证学生充分的活动时间和空间，以突破课文的难点，突出重点，渗透素质教育内容。问题导入体现真实性原则，要联系学生熟知的物、事展开话题；进入课文部分引导学生了解课文涉及的文化背景，做到图文并茂、形象生动，其中穿插学生朗读、师生问答、同学之间问答，用问题引发课堂讨论。然后是处理难句和篇章的分析和翻译、重点生词和短语的学习；演练部分主要是通过表演运用所学词语及短语的表达方式以达到消化、巩固的目的。大学英语教学各种模式之间是有机协调统一的，为了取得理想的改革效果，我们需要对教师、教材、教学理念、教学手段等加以整体考虑，在具体的实施中对参与教学的各种因素进行整合。这其中大学英语教师素质的提高无疑是改革的重中之重。改革绝非仅是一个蓝图，而是一段旅程。因此，大学英语教学模式的改革依然任重而道远。

第三节 大学英语教学模式改革趋势

一、大学英语教学改革的方向与趋势

（一）重视确立新型的大学英语教学模式

为了适应国家和社会发展需要，2010年第四次全国教育工作会议提出要创新人才培养模式，创新教育教学方法，倡导启发式、探究式、讨论式、参与式教学，激发学生好奇心，发挥学生主动精神，鼓励学生进行创造性思维，改变单纯灌输式的教育方法。新的教学模式应以现代信息技术，特别是网络技术为支撑，使英语的"教"与"学"可以在一定程度上不受时间和空间的限制，朝着个性化和自主学习的方向发展，改进以教师讲授为主的单一教学模式。这种新的教学模式应体现英语教学的实用性、知识性和趣味性相结合的原则，有利于调动教师和学生双向的积极性，尤其要体现学生在教学过程中的主体地位和教师在教学过程中的主导作用。在充分利用现代信息技术的同时，要合理继承传统教学模式中的优秀部分，发挥传统课堂教学的优势。

随着计算机、多媒体和互联网的普及，可获得的教学资源越来越丰富，现代信息技术在教育教学领域的重要性日益为人们所认识。目前，随着多媒体和互联网技术的迅猛发展，建构主义学习理论与教学理论在西方日渐盛行。建构主义学习理论主张以学生为中心，强调学生是信息加工的主体，是知识意义的主动建构者；认为知识不是由教师灌输的，而是由学习者在一定的情境下通过协作、讨论、交流、互助等学习方式，并借助必要的信息资源由学习者主动建构的。在建构主义学习环境下，"探索式""发现式"与"合作式"的学习方式是学生掌握学科内容的基本途径，也是以学生为中心的教学模式中的基本教学形式。由此可见，信息技术与课程整合是改变传统教学模式的一条有效途径，也是目前国际上基础教育改革的趋势与走向。

（二）重视大学英语教材体系的研究和开发

教材是实现英语课程教学目标的重要材料和手段。教材为学生提供的语言材料是学生学习语言知识和发展语言技能的重要来源，教材中的语言实践活动和练习是学习语言知识和发展语言技能的重要手段和途径。选择和使用合适的教材是完成教学内容和实现教学目标的前提条件，高水平、高质量的教材对教师、学生、教学过程和教学结果都起着积极的作用。

目前，随着大学英语教学改革的深入推进，大学英语教材体系也发生了翻天覆地的变化。英语教材在内容和形式上更新颖、更先进，而丰富多样的教材在推动大学英语课程改革方面发挥了重要作用。与此同时，英语教育界的学者和一线教师对教材的认识也发生了显著的变化。在大学英语改革的过程中，对教材研究感兴趣的学者和教师越来越多。清华大学结合课程的教学，编写和出版了一套适用于本校教学需要的学术英语系列教材。很多高校还通过与相关出版社合作的形式，共同完成新教材的编写和出版工作。

为了把握机遇、应对挑战，各大高校应该积极开展有关英语教材的编写、评价、选择、使用等方面的理论和实践研究，挖掘自身潜力，为将来能够在英语教材的编写、选择、使用的过程中发挥应有的作用而创造条件。

（三）重视大学英语师资队伍的建设

教师是教育教学改革的重要媒介，是改革成败的关键因素。优秀的英语教师是培养优秀英语人才的根本条件。只有有了好的教师，课程才可以顺利改革，教法才可以成功调整，学生才可以快速进步。没有合格的教师，先进的教学理念就无法在执行中有效落实。教师在教学中的重要作用，是由教学的本质决定的。目前，在大学英语教学改革的过程中，各大高校日益重视对英语师资队伍的建设。在聘任制环境下，各高校更加重视教师的专业功底，而不仅仅关注教学能力和教学技能。同时，高校也非常重视考查教师的研究能力和团队合作精神，这有利于组建一支高效的教学与科研能力俱佳的师资队伍。在教师管理方面，高校更加重视对教师教学与科研条件的保障工作和目标验收，注重教师培训和学术交流，不断扩大教师的学术视野，使教师紧紧跟上学科发展前沿。此外，还积极鼓励教师申请研究课题，加入由科研骨干牵头的、高水平的研究团队，帮助教师进入各自专业的学术研究领域。

（四）大学英语教学的个性化和特色化日益凸显

传统的大学英语教学已经无法满足新的人才培养目标的需要，因此，必须进行改革。

在大学英语教学改革过程中，很多高校在注重保持原来的大学英语教学优良传统的同时，也努力进行大胆地探索与革新，敢于形成新的特色与优势，以适应培养新型的既精通专业又能熟练运用英语的复合型国际人才。很多高校明确提出，大学英语教学要朝着个性化和特色化的方向发展，这是和各个高校各不相同的高等教育人才培养目标紧密相关的。此外，我国不少实力较强的综合类大学也逐渐形成了具有自身特色的培养模式。这类大学在明确学校人才培养目标的前提下，根据学校特点制定出相应的大学英语培养目标，然后进行一系列相关的配套改革。例如，复旦大学、清华大学、中国政法大学等高校根据自身研究型大学的定位，确定大学英语教学的主要内容是学术英语，将增强国际学术交流能力作为大学英语教学的重要目标，并通过分级教学实现不同层次学生英语能力的提升。目前，仍然有一些综合类大学沿袭了传统的大学英语教学培养模式。这种模式的培养目标仍然不明确，英语的课时偏少，课程设置单一。应该说，当前的大学英语教学状况处在一个改革和变化时期，这个时期各高校的大学英语教学逐渐开始分化和分流，很多高校的大学英语教学逐渐形成了鲜明的特色与个性。

二、大学英语教学模式改革的可选择策略

（一）以教师为中心的教学模式

以教师为中心的教学模式具有一些显著特点，在这一教学模式中，教师是知识的传授者，是主动的施教者，并且监控整个教学活动的进程；学生是知识传授的对象，是外部刺激的被动接受者；教学媒体是辅助教师教的演示工具；教材是学生唯一的学习内容，是学生知识的主要来源。

这种模式的优点是有利于教师主导作用的发挥，便于教师组织、监控整个教学活动进程，便于师生之间的情感交流，因而有利于系统的科学知识的传授，并能充分考虑情感因素在学习过程中的重要作用。其弊端则是完全由教师主宰课堂，忽视学生的学习主体作用，不利于培养具有创新思维的人才。可以说，这种模式培养出的绝大部分是知识型人才而非创造型人才。

（二）以学生为中心的教学模式

以学生为中心的教学模式是以建构主义理念为基础发展起来的。进入20世纪90年代以后，随着计算机、多媒体和网络技术的日益普及，这一模式得到迅速推广。以学生为中心的教学模式具有以下特点：学生是信息加工的主体，是知识意义的主动建构者；教师是课堂教学的组织者、指导者，是学生建构意义的帮助者、促进者；教学媒体是促进学生自主学习的认知工具；教材不是学生的主要学习内容，学习是以学生为中心的学习，学习的主要目的是满足自身求知的需要，学习者用发现法、探索法等方法进行学习。学习者在整个学习过程中扮演着重要的角色，处于主体地位，而教师在整个学习活动中处于从属地位，起辅助、引导、支撑、激励的作用。同时，建构主义学习观把学习看作是社会性、真实性的学习，学习者如遇到疑难问题或感到迷惑不解的问题，可与其他学习者讨论解决，也可通过请教教师的方法解决。在整个学习过程中，学生都处于与他人的密切联系之中。建构主义理念下的学习重视学习目标的指引和构建，提倡累积性的学习。学习者自己设定学习目标，在既定的学习目标的指引下将当前的学习内容与先前的学习内容联系起来进行学习，并在对新信息进行加工的同时与其他信息相联系，在掌握简单信息的同时理解更为复杂的信息。只有当既定的学习目标得到实现或形成时，学习者的学习行为才被认为是成功的。

第四节 课程建构与大学英语教学模式研究

一、大学英语口语课程建设

（一）大学英语口语教学目标

1. 大学英语口语能力的构成

跨文化口头交际能力由两个部分组成，即交际能力和跨文化能力。交际能力包括语言能力、语用能力和策略能力。语言能力由语法能力和语篇能力构成。语法能力指交际者在句子层面表现出来的语言水平，而语篇能力指的是交际者在篇章层面上显示出的语言水平。语用能力包括实施语言功能的能力和社会文化语言能力，策略能力由补偿能力和协商能力构成。而跨文化能力有三个组成部分,即对文化差异的敏感性、对文化差异的宽容性和处理文化差异的灵活性。

2. 大学英语口语自主学习能力的培养

教学模式改革成功的一个重要标志,就是学生个性化学习方法的形成和学生自主学习能力的发展,学生有自主选择适合自己需要的课程进行学习,注重培养语言运用能力和自主学习能力。大学英语口语作为公共课,每周两节的口语课时间很难保证学生口语能力达到口语教学的目标,更不用说培养跨文化口头交际能力,因此,大学英语口语教学应重视对口语学习和学生口语自主学习能力的培养。具体地讲,大学英语口语自主学习能力是指学生理解口语教学目标和教学方法,能够确立自己的口语学习目标,能够选择合适的口语学习策略,能够监控自己的口语学习,能够评价自己的口语学习结果。在口语学习过程中,学生能够主动创造环境进行口语训练,有意识地克服口语练习过程中常见的不足。

(二)大学英语口语教学模式与评估方法

1. 大学英语口语教学模式

(1)从控制练习过渡到自由会话的模式

会话必须是思想、信息、感情的有意义的口头交流。在会话课上,一种活动是教师主宰一切,学生从课本或录音中吸取语言,并在教师指导下重复这些语言或进行操练;另一种活动则是由学生利用自己已掌握的语言表达思想,在教室里和其他同学自由地进行会话。无论训练多么简单的口语项目,最终都可以,也应该和"交际"联系在一起。在口语教学中,一些教师往往偏重机械性的训练,忽视给学生创造自由会话的机会,这不利于学生自由会话能力的培养。对于初级口语学习者,教师可多进行控制性练习,少一些自由会话训练。

(2)投入——运用——学习模式

杰里米·哈默认为,口语活动典型地遵循了同样的模式:投入——运用——学习,即教师使学生对一个话题产生兴趣,然后让学生完成任务,教师通过观察,发现学生在完成任务中存在的问题,最后让学生进行学习。原因在于:①口语任务给学生提供练习的机会,使学生得到用英语进行交际的真实感受;②口语给教师和学生提供了信息反馈;③口语任务的趣味性有助于激发学生的投入。每一次口语课都应该有新的话题,或同一话题的不同角度,口语活动模式如会话、分组讨论、讲故事、角色扮演、看图说话、问答等,应交替使用。

2.大学英语口语评估方式

(1)形成性评估

形成性评估强调学习的过程,旨在保障教学目标的更好实现。除了评价技能、知识等要素外,这种方式更适合评价态度、兴趣、策略、合作精神等不可量化的因素,评估结果多为等级加评语的形式。形成性评估通常在友好、非正式、开放、宽松的环境中进行,该评价手段是一种低焦虑的新型学习模式。形成性评价突出课程评价的公正性、多样性和综合性。多元化的评价方法不仅可以有效保证课堂教学效果,而且也可以充分调动学生开口说英语的主动性和积极性。

(2)终结性评估

大学英语口语教学中的终结性评估主要指大学英语口语期末口试,期末口试可采用交际法口语测试。在交际法口语测试模式下,设计的测试任务应该具有目的性、趣味性和启发性,对口语教学有着积极的反馈作用。交际法口语测试以互动性为重要特征,输出在某种程度上应具有不可预测性。

(三)大学英语口语课程建设中要注意的问题

1.大学英语口语课程设置和教材问题

口语教材是口语课程建设的重要组成部分,选择和使用合适的教材是完成教学内容和实现教学目标的重要前提条件。指定的教材可以给学生提供一定的素材,便于学生积累,也便于教师教学。口语教学中使用固定的教材,可以保证教学的系统性和完整性,但如果选用的教材过于偏重机械操练,一味地让学生跟读,教师上课只是照本宣科,则难免会使课堂变得枯燥乏味。那么,怎样评价口语教材是否合适呢?系统的教材评价分为内部评价和外部评价。教材的内部评价包括以下几个方面:(1)评价教材的教学指导思想。这里的教学思想包括对语言的认识、对语言学习的认识以及对语言教学的认识。(2)评价教材采用的教学方法。俗话说,教无定法。英语教学方法没有绝对正确的和错误的。当前,普遍强调以学生为主体的教学方法、培养交际能力的教学方法与任务式学习的教学方法。(3)

评价教材内容的选择和安排。评价教学内容好坏的最根本依据应该是教材使用对象的需要。(4)评价教材的组成部分。现代的英语教材是教师用书、录像带、多媒体光盘等组成的立体教材。(5)评价教材的设计，包括教材的媒介形式、篇幅长短、版面安排、开本大小、图文形式和色彩等。(6)评价教材中语言素材的真实性和地道性。教材涉及的语言现象应该是真实、地道的。教材的外部评价则包括：(1)教材是否符合学生的学习需要。(2)教材是否符合教师的教学需要。(3)教材是否符合课程标准的要求。

2. 大学英语口语教学中的教师角色问题

(1)组织设计者。充分利用多媒体和网络的作用，通过课堂活动的有效设计把学生纳入口语教学活动中。

(2)评价诊断者。教师了解并研究语言学习者的个人差异，敏感地捕捉到学生在各个阶段所遇到的困难和问题，做出及时的评价和诊断，进而设计新的教学手段予以解决。

(3)中介者。一是语言技能和学生之间的中介，二是学习者之间的中介。

(4)控制者。监控和管理学生活动，纠正学生学习中的偏差。

口语教师要胜任以上角色，需要提高自己的口语能力和口语教学能力。教师本身的口语能力包括课堂口语能力和口语实际交际能力。口语教学能力涉及教师对各种口语教学理论和方法的认知度，对不同教学方法的适应性和有效性的了解，以及在课堂上灵活使用不同口语教学方法的能力。总之，口语教师首先应有良好的口语表达能力，其次应有良好的课堂组织能力，还应在课堂上具有激情和耐心，以激发学生开口说英语的欲望。在具体操作中，每位教师都应发挥自己所长，结合课本与学生的实际情况，设计出有益于加强学生语言能力的课堂教学活动。口语教师应该明确一堂课的训练任务，选择口语活动的方式，讲解练习的要点，以确保学生积极参加活动并有足够的练习机会。

3. 口语教学中思维能力的培养问题

第一，设计的口语活动一定要对学生的思维水平具有挑战性。口语课，既有训练语言技能的要求，也有培养思维能力的要求，应该让学生表达对某些有争议性的问题的看法，最好让他们从全新的角度进行思考，以开阔其思路。

第二，设计培养归纳和抽象能力的活动。

第三，设计培养辩证逻辑思维能力的活动。

第四，设计培养创造性思维能力的活动。

学生要表达自己的思想，归根结底就必须提高语言能力。口语教学的形式可以多种多样，但语言的积累和运用，还有待于个体的自觉和参与。如果认为随便说说就能提高口语水平的话，是很难取得进步的。提高口语是一个不断积累、反复练习、反复使用的过程。大学英语口语课程建设除了关注教学目标、教学理论、教学模式、评估方式外，口语教材和师资队伍建设也不容忽视。好的口语教材为教师课堂教学和学生课外学习提供参考，能够培养学生的口头交际能力。口语教师是大学英语口语课程建设能否成功的关键所在，在口语教学大纲设计、口语教材的选择和灵活使用、口语课堂活动的组织和实施、口语评估等方面起着十分关键的作用。

二、大学英语教材建设

（一）大学英语校本教材开发

1. 校本教材是大学英语课程建设的需要

《大学英语课程教学要求》在谈到课程设置时指出："各高等学校应根据实际情况，按照《课程要求》和本校的大学英语教学目标设计出各自的大学英语课程体系，将综合英语类、语言技能类、语言应用类、语言文化类和专业英语类等必修课程和选修课程有机结合，确保不同层次的学生在英语应用能力方面得到充分的训练和提高。"在谈到课程内容时指出，"无论是主要基于计算机的课程，还是主要基于课堂教学的课程，其设置都要充分体现个性化，考虑不同起点的学生，既要照顾起点较低的学生，又要为基础较好的学生创造发展的空间；既能帮助学生打下扎实的语言基础，又要培养他们较强的实际应用能力尤其是听说能力；既要保证学生在整个大学期间的英语语言水平稳步提高，又要有利于学生个性化的学习，以满足他们各自不同的专业发展需要"。

不容忽视的是，在选修课教材建设中必须考虑教材的使用对象。必须立足本校学生的实际情况，开展校本教材研究，开发适合于本校学生的大学英语选修课程教材。只有这样，才能给本校学生提供必要的语言环境和合适的英语教科书，激发他们的学习兴趣，激活他们的学习动机，帮助他们树立语言学习的自信心。

2. 大学英语校本教材开发的层次

（1）大学英语必修课教材开发

一般院校的大学英语只设置一门课程，把听、说、读、写等所有内容放在一起，按照一定的课时分配授课，期末再按照听力、口语、读写的比例折合成一个分数。这样的课程设置不利于提高学生的听说能力，因为听和说所占的比例较少，一般不会超过30%，读写能力强的学生，听说差一些也能过关。所以，要提高非英语专业学生的语言应用能力，尤其是口头交际能力，必须独立设置"大学英语听说"或"大学英语口语"。

（2）大学英语选修课教材开发

大学英语选修课教材开发的市场潜力很大。学校的办学特色、专业差异、学生差异等决定了校与校之间的选修课设置既具有普遍性，也具有独特性。即每个学校除开设"英文电影赏析""中级口译""实用英语写作"这种所有学校都可能开设的选修课外，还可开设一些适合于本校学生专业特色、其他学校不会开设的选修课。规划教材建设时，如果没有充足的教师资源和教材建设资源，应首先考虑开发特色课程的教材，为学校的特色人才培养创造条件。

（3）专业英语和双语课程教材开发

目前，一般学校把专业英语或双语课程放在二级学院，学校对它们的课程教学大纲、学分和学时、授课方式、考核方式不进行统一的规定，由年级学院自己安排。从长远建设来看，应该改变这种状况，把所有的专业英语和双语课程由学校统一管理，纳入大学课程体系中。目前，大学英语教师多半只能以参与者的身份参加这些专业英语或双语课程的教材建设。随着经济全球化和区域化的不断深入，世界各地区间的经济联系日益加强，越来越广泛地纳入国际经济发展的轨道。社会对各类人才的英语要求也越来越高，各学院在逐步加大专业英语和双语课程建设。

（4）大学英语辅助性教材开发

非英语专业学生面广，人数众多，来自不同的地方，英语水平差异很大。大学英语必修课的教材不可能满足所有学生的学习需求。同时，由于大学英语各类证书考试、资格考试、水平考试的客观存在和社会对毕业生持证的要求，学生不得不一次次地报名参加考试。因此，为了照顾学生的个性化学习，尽可能地给学生创造自主学习的机会，使他们既能掌握语言知识，又可以增强应试能力，每个学校都应努力开发这类大学英语辅助性教材。只是各校在开发此类教材时，要编出自己的特色，要往形成规模效应和品牌效应方向发展。

（二）大学英语教材的编写原则

1. 人本性

作为教材编写指导原则之一的人本性，它有别于拟定编写大纲、划定选材范围、确定练习形式这些具体编写流程。它的着眼点在教材的服务对象：学生和教师。在编写过程中，要随时确保使用这套教材的学生和教师利益的最大化。比如，教材的定价多少？定价是否合理？装帧是否既美观又耐用等。

2. 时代性

由复旦大学董亚芬教授担任总主编、作为第三代大学英语教材典范的《大学英语》系列教材经过数年酝酿编写，于1986年问世。该教材体系包括精读、泛读、听力、语法、练习等，体系较为完整，先后被千余所院校采用，受到了广大师生和英语学习者的青睐，成为我国大学英语教学的首选教材，并荣获全国高等学校第二届优秀教材特等奖和国家教委高等学校第二届优秀教材一等奖。对照2006年6月该教材推出的第三版可以发现，《大学英语精读》第一册的10个单元中，有4个单元已经被换下。因此，教材的编写要不断更新，与时俱进。

3. 务实性

教材编写时，传统编写方法注重本着词汇控制法原则与结构控制法原则，对课文的原文材料进行处理，即先对原材料进行删减，使长度和难度适合教材；再对原文进行修改，如把难句改写得简单一点，把难词用较简单的同义词或近义词来表达，使之不要超纲。这样的教材教学导致的事实是，许多学完了大学英语教程的学生，在阅读英语报刊、书籍、文件时仍存在相当大的困难。他们反映所读的文章生词量大，结构难，毕业后读到的语言和以前在书本上学到的语言出入太大。原因就是他们从课文中学习的语言很多是经过调整或修改过的，难句已改写，长句已缩短，这种语言和外部世界真实的交际语言当然存在明显的区别。

4. 多样性

第一，文章题材多样化，社会生活的方方面面都要涉及。当今世界，科学技术发展迅猛，全球经济一体化趋势更为显著，综合国力竞争日趋激烈。置身于这个飞速发展的社会，学生也有获取各种信息、接触各类题材的愿望，接触对外政策、法律、宗教、文化、教育、文艺、体育、科技、能源、交通、环境保护、城市建设、市场经济、金融外贸、旅游、医疗卫生、民族政策、家庭婚姻等题材的信息本身也是提高学生认知能力和词汇量的有效手段。

第二，体裁多样化。以说明文为主，叙述文、描述文、议论文都要有一定的体现。

第三，语域多样化。学术文体、新闻报道、典雅美文、戏剧小说都应该有一些，尤其是口语体的文章，常为我国大学英语教材所忽视，应该引起重视。

三、大学英语课程资源建设

（一）课程资源的内涵及其分类

课程资源是相对于课程的一个概念。课程是按照一定的教育目的，在教育者有计划、有组织的指导下，受教育者与教育情境相互作用而获得有益于身心发展的全部内容。提到课程资源，人们会联想到学习资源、教学资源和教育资源。学习资源是指在教学系统和学习系统中，学习者在学习过程中可以利用的一切显现的或潜隐的条件。教育资源是人类的社会资源之一，它包括自教育活动出现以来，在长期的文明进化和教育实践中所创造和积累的教育经验、教育知识、教育技能、教育资产、教育费用、教育品牌、教育制度、教育理念、教育人格、教育设施以及教育领域内外人际关系的总和。可以把大学英语课程资源定义为：大学英语这门课程设计、实施、检验、评价等整个课程编制过程中可资利用的、富有教育价值的人力、物力和自然资源的总和，包括教材以及学校、家庭和社会中所有有助于提高学生素质的各种资源。

按照空间标准分类的校内课程资源指学校内部的课程资源，如图书馆自主学习中心这样的场所和设施资源；教师、学生、校园文明建设这样的人文资源；第二课堂活动、座谈讨论这些与教学活动密切相关的活动资源。校外课程资源主要指学生家庭、社区乃至整个社会中能够用于教育教学活动的设施和条件，以及丰富的自然资源。校内课程资源是课程资源开发和利用的基础,是校外课程资源开发和利用的先决条件。校内和校外课程资源这种课程资源二分法随着互联网的出现遇到了问题。那些海量的网络信息既不能归为校内课程资源,也无法划归到校外课程资源中,只好将它单列。

按照存在形式划分的显性课程资源是指那些看得见、摸得着的课程资源,如大学英语教学光盘、图书馆、语音实验室;隐性课程资源是指以潜在的方式服务于教育教学活动的课程教学资源,如奋发向上的和谐的学习氛围、校风校纪等。显性课程资源易于开发和利用,对教育教学活动的影响很直接,而隐性课程资源的开发和利用需要一定的周期和付出较大的时间、精力,对教育教学活动的影响也较为间接。

按照属性划分,课程资源首先分为物质的课程资源和非物质的课程资源两大类。物质的课程资源包括人力课程资源和物力课程资源,非物质的课程资源分为知识课程资源和思想课程资源。人力课程资源和物力课程资源在前面已经讨论过,这里不再赘述。思想课程资源指一切可能参与教育教学活动的、影响课程活动的各类人员所具有的全部思想;知识课程资源指在设计课程时,可供选择的知识总数。

按照功能划分的素材性课程资源包括知识、技能、经验、活动方式与方法、情感态度和价值观以及培养目标等方面的因素,而条件性课程资源则包括直接决定课程实施范围和水平的人力、物力和财力,时间、场地、媒介、设施和环境以及对于课程的认识状况等因素。

(二)大学英语课程资源建设的意义

1. 有利于促进教师教育观念的更新

广义的课程资源概念带来了全新的课程理念,教材不再是整个教学活动的中心,教师对学生的评价也不再以学生是否掌握了教材内容为唯一依据。全新的教学模式和评价标准不管对教师还是学生而言,都是一种挑战。对教师而言,整个教学设计过程和实施都围绕教学活动是否有助于课程目标的完成,除了关注是否完成了教材上的教学内容外,更要思考如何高效开发大学英语课程资源,培养学生的自主学习能力,引导学生完成课程目标。

2. 有利于教师专业成长

受到新课程资源观熏陶的大学英语教师,不会再日复一日地重复使用相同的教材、教案和教学课件,他们会紧跟时代发展的要求,更新自己的知识结构,不断地对教学内容、教学活动设计、课堂组织模式、课堂评价方式等进行反思，以改进自己的教学。同时，大学英语课程教学资源的不断丰富，使得学生的自主学习成为可能，兴趣和爱好不仅驱动着他们对教材进行深度加工，而且不断拓展自己的知识面，将课堂上所学到的知识应用于实践之中，使得自己的英语语言应用能力得到迅速提高。

3. 有利于提高学生的综合素质

传统的大学英语教材旨在帮助学生加强英语基本功训练，不论是文章的体裁、选材的主题、选材的长度，还是课文的难度，都是面向大众化学生，没有关注学校与学校间学生的英语水平差异、同一学校间学生的专业差异、学生个体的学习需求差异等因素。丰富的、个性化的课程资源的开发和利用不但是对原有教材内容的补充，也构成了第二课堂，与第一课堂开展联动，形成了良好的学习氛围，拓宽了学生的视野，激发了学生的学习兴趣，最终促进学生思想、品德、行为、知识、能力、人格等的全面发展。

4. 有利于大学英语课程开发

大学英语课程资源种类繁多，形式多样，在开发和利用过程中必须进行有序化管理。同时，系统的大学英语课程资源建设工作量大，不是一两天就能完成的，短则几个星期，长则一两年。教师们的付出不但能提高教学质量，随着时间的推移，还会使他们产生浓厚的兴趣，不断地去深化这项工作，最终积累的资料越来越多，到了一定的程度，这些课程资源经过整理、加工、补充和完善，就有机会形成一门新的公共选修课程。

5. 有利于培养学生自主学习能力

大学英语课程资源的开发与利用，主要以课程目标的达成为根本出发点，以学生身心的完整、和谐发展为终极目的。传统的教学将学生局限在课堂这一特定的场所，课程资源以教材为主，没有充分激发学生的学习积极性、主动性和创造性。在新课程资源观下的大学英语学习模式中，学生学习的时空范围得以扩展，可随意选择丰富多彩、形声兼备、图文并茂的课程资源。学生成了学习的主体，他们自己决定英语学习的内容、时间、场所、进度、节奏以及对学习质量的监控。

6. 有利于形成性评估的规范

检查课程建设是否达到预期目标需要依靠评估。因此，对课程进行全面、客观、科学和准确的评估对实现课程目标至关重要。它既是教师获取教学反馈信息、改进教学管理、保证教学质量的重要依据，又是学生调整学习策略、改进学习方法、提高学习效率的有效手段。长期以来，大学英语课程教学评估主要依靠终结性评估，注重结果；而较少关注形成性评估，忽视学习过程。《大学英语课程教学要求》明确提出要求，要加重形成性评估在大学英语课程评价中的分量。新的大学英语课程资源观不但改变了学生的学习模式，还更新了大学英语教师和相关管理部门的教育观念，通过课堂活动和课外活动记录、网上自学记录、学习档案记录、访谈和座谈等形式对学生学习过程进行观察、评估和监督，为形成性评估的实施打下了坚实的基础。

（三）大学英语课程资源建设的策略

1. 教材取向的课程资源建设策略

目前，出版大学英语通用教材的一般都是国内知名出版社，像高等教育出版社、英语教学与研究出版社、上海英语教育出版社、清华大学出版社、复旦大学出版社。这些出版社具有多年的大学英语通用教材的出版经验，拥有强大的教材编写队伍，除了推出纸质版学生教材外，还推出了配套的教师用书、学生练习册及答案、教师教学光盘，可以说对教师教学帮助极大。这些通用教材面向全国学生发行，却不一定适合于所有学校的所有学生，因此，尽管这些知名出版社推出的教材本身已是经过筛选的课程资源，但是教师在实施教学前还是要充分调研本校学生的英语水平、学习动机、学习策略、学习方式、学习目标、学习计划，在此基础上对教材进行二次加工，透彻把握教材的重点、难点，将教材内容变成有利于学生发展的教学内容，寻找书本知识与现实生活和学生水平之间的联系，使教材的价值在教师的创造性使用过程中得到体现。

2. 学生取向的课程资源建设策略

（1）关注学生的"知识类资源"

教学实践证明，要基于学生的实际水平开展教学，强调学生的现有水平在新知识摄取中的作用。教师设计的教学目标、选择的教学内容、安排的教学活动、实施的教学方法、采取的教学评估手段都要以学生的真实水平为基础，采用适当拔高的原则，确保学生努力就会实现学习目标，而不是一次次令学生遭受挫折而造成失去学习英语兴趣。为了辅助这样的教学，教师就得开发出相应的课程教学资源，帮助学生构建和完善自己的知识体系。

（2）关注学生的"情绪类资源"

学生的情绪类资源是学生学习的动力系统，主要包括学生学习的兴趣爱好、动机、态度、信心、情感、焦虑、个性、习惯等。这些非智力因素虽然不直接参与知识的认知和建构，但它们对学习活动有着启动、导向、维持和强化的作用，极大地影响着学习活动的效果。课程资源建设的目标之一是让学生在学习过程中体验到成功，增强学生学好英语的信心，激发他们继续学习的积极性。

（3）关注学生的"问题类资源"

教学以学生获取知识和技能为目的，在实现这一目的的过程中，师生不断重复着"引发问题——提出问题——解决问题——引发新问题——提出新问题——解决新问题"这一循环，那些好奇心强、求知欲强的学生不但加快了自己积累知识、强化技能的步伐，还通过提问扩大了教师的教学内容，促使教师去重新组织教学活动。提出问题是课程资源开发的源泉，解决对策是教学经验的积累和创新思维的结晶。问题与解决对策强化了师生互动，加深了师生对文本的理解。

（4）关注学生的"差异类资源"

不管是提倡人们要和谐相处，还是主张学习英语的氛围要融洽，突出的都是一个"同"字。但是，也不排斥"异"。因为"同"是发展的基础，"异"是发展的动力。学校学生众多，他们的生源地、家庭背景、社会阅历、英语学习的时长等都有较大的差异。为了消除这些差异，学生们相互讨论。在这样的思想交锋过程中，学生丰富和发展了自我认知，使自己越来越成熟，考虑问题的角度越来越全面，也学会了换位思考，增进了与人相处的技能。

3. 教学过程取向的课程资源建设策略

教学活动是教师根据一定的社会要求和学生身心发展的特点，借助一定的教学条件，指导学生主要通过认识教学内容从而认识客观世界，并在此基础之上发展自身的过程。教学过程是一种特殊的认识过程，也是一个促进学生身心发展的过程。在教学过程中，教师有目的、有计划地引导学生能动地进行认识活动，学生培养自己的志趣和情感，循序渐进地掌握文化科学知识和基本技能，以促进自身智力、体力、品德、审美情趣等方面的综合发展。具体的教学过程包括课前、课中和课后。

课前，教师备课时，要充分研究教材，根据教材确定每个课时的教学目标和准备采用的教学模式、评价方式等。在准备过程中，教师不能全凭经验，必须查阅大量的材料，寻找大量的辅助材料，对教材进行扩展，以帮助学生深度理解课文内容。同时，要充分挖掘学生潜力，发挥学生自主学习能力，教师还必须增加与主题相关的、难度适中、阅读性强的扩展材料，供学生在课后学习，以开阔他们的视野。在教师营造的教学环境里，师生互动、生生互动、学生与教学材料互动的情况都是课堂教学生成的动态性课程资源。课后，学生要进行大量的语言实践练习，以巩固课堂教学内容。

（四）大学英语课程资源建设的原则

1. "以学生为中心"原则

所有大学英语课程资源的建设都是围绕学生的英语学习动机和兴趣开展的，为学生创造良好的学习氛围，为学生学好英语铺路搭桥。因此，不管是资源建设的决策和规划阶段，还是实施、检查和改进阶段，都要以学生的实际需求为出发点，不但要关注他们的知识类资源，还要关注他们的情绪类资源、问题类资源、错误类资源、差异类资源和兴趣类资源，尽可能地让他们成为学习的中心，成为知识意义的主动建构者。要确保教材所提供的知识不再是教师传授的内容，而是学生主动建构意义的对象；媒体也不再是帮助教师传授知识的手段与方法，而是用来创设情境、进行协作学习和会话交流，即作为学生主动学习、协作式探索的认知工具。

2. 开放性原则

大学英语课程资源建设是一项长期的、系统的积累工作，随着教学改革的不断深入、社会的不断进步和教师的专业化发展，已有的课程资源得到更新，新的课程资源得以加入，确保了课程的正常运转。在资源建设过程中，建设者要以开放的心态对待人类创造的所有文明成果，以开放的目光审视周围的事物。开放性原则包括类型的开放性和空间的开放性。类型的开放性指不管课程资源以什么类型存在，只要有利于教育教学，就可以加以开发利用；空间的开放性指课程资源的地域性差异，不管它们是校内或校外、国内或国外，只要有益于学生的知识积累、能力发展、技能提高，就可以选择性加以开发和利用。

3. 前瞻性原则

大学英语课程资源的开发与利用是与学生的需求紧密相连的，受现有的课程和现实社会的实际需求推动。但从发展的角度来看，课程资源建设还要与未来社会的发展联系起来。只有这样，才能够帮助学生更好地把握未来社会的发展趋势。因此，建设者要具有发展意识,密切关注社会的发展动态,注意吸收当前重要的、有影响力的、处于科技前沿的素材,在此基础上,开发出对学生来说真正有用的课程资源,对学生加以引导,让他们逐步接受这些新东西,为学生以后的终身学习与可持续发展打下坚实的基础。

4.适应性原则

内容丰富、形式多样的网络资源为开发大学英语课程资源提供了便利的同时,也给开发和利用带来了一定的难度。它迫使人们思考开发什么、以什么形式开发、开发到什么程度等问题。建设大学英语课程资源的目的是为了更好地服务于大学英语教学,无论在内容还是功能上,都要充分考虑教育的需求,要遵循适应性原则,使教师、学生和其他教育工作者能及时方便地获取所需信息,实现资源的利用价值。因此,在筛选资源时,建设者必须了解用户需求,进行需求分析,即结合实际情况,从更加专业的角度对用户提供的需求信息进行科学的分析和研究,确定用户的需求热点和需求方向,做到量身定做或按需供货。适应性原则在大学英语教学中体现为要依据学生语言水平确定语言内容,依据学生年龄特征确定资源形式,依据学生认知基础选择资源范围,依据教学与学习需要确定开发主题。

四、精品课程建设的探索与实践

(一)制订大学英语精品课程建设计划

大学英语精品课程建设是根据大学教育的培养目标以及大学英语教学内容,培养学生掌握必需的、实用的英语语言知识与语言技能,具有阅读和翻译与本专业有关的英文资料的初步能力,并为进一步提高英语的应用能力打下一定的基础。大学英语教学内容要以应用为目的,以够用为度,在英语教学过程中要突出语言的实际应用,加强语言技能培养。为了实现大学教育目标,提高学生英语应用能力,并响应教育部"高等学校教学质量和教学改革工程",我们(笔者所在学校)成立了大学英语精品课改革课题组,开始对课程进行了一系列的改革。此项精品课程建设不仅对课程进行了改革和调整,而且使教师队伍、教学管理、教学理念、教学内容等各个方面都得到了建设。课题组本着基础课原则,在课程建设中注重英语基础理论、基本知识与基本技能的学习与训练,为学生今后掌握专业知识、学习科学技术、发展相关的能力打下坚实的英语基础,努力把大学英语基础课程建设成为独具特色的精品课。

（二）英语精品课程教师队伍建设

教师是教学改革的保证。首先，根据精品课程建设的内容要求，我们组建了一支结构合理、整体素质较高的大学英语精品课程梯队。课程主要负责人与主讲教师是具有丰富教学经验的高级职称教师，并亲自主持、设计和指导实践教学；同时以担任大学课程的教师为项目组成员，形成了一支职称、学历、年龄结构合理、人员稳定、教学水平高、教学效果好的教学梯队。英语教师的综合素质是英语教学活动的一个重要决定性因素，课程组教师首先要转变观念，认清形势，即英语教学应转变为以应用为目的，以学生为中心。在课程建设中，从大纲及教材的编写、电子教案的制作、多媒体课件的开发与应用、试题库的建设到课程的改革都十分注重调动教师的积极性，使他们参与到以上各项研究和改革中。其次，从能力目标和知识结构来考虑，课程建设有意识、有目的、有方案、有步骤地根据教师各自的特长选出项目负责人，逐项进行课题建设。教师是实施课程建设的主体，是推行课程改革的关键，精品课程建设需要新型的教师。在学习和建设精品课程过程中，教师队伍的整体素质有了很大提高，教育教学能力和综合素质也得到了普遍提升。

（三）教学内容和课程体系建设

大学英语精品课定位为公共基础课，应该方向准确，基础扎实，难度适中，课内外互动，实用性强，内容精练。我们认识到建设大学英语精品课程是体现大学英语教育特色和一流教学水平的示范课程，其课程内涵为：第一，精品课程建设体现出现代教育思想，符合科学性、先进性、创新性、系统性、实用性和教育教学的普遍规律；第二，理论教学体现出以应用为目的，以"必需、够用"为度；实践教学内容与英语教学相配套，形成完整的体系，重视培养学生的实践能力和创新能力；第三，理论教学和实践教学大纲系统完整，充分体现了教学改革和教学研究的成果，指导思想把握准确。

在教学条件上，我们已具有符合大学教育要求的系列大学英语教材，充分地体现出大学英语教学特色的大纲、课程简介、教辅材料以及实训条件。在教学方法上，坚持不断改进并有效处理传统教学手段和现代教育技术协调应用的关系；恰当地处理传授知识和培养能力的关系，注重培养学生的应用能力。在教学效果上，我们在考核方式上做到有所创新和突破，考核方式、方法尽量做到科学、灵活、多样；除"三基"内容外，考核更注重考核学生分析问题、解决问题的能力，以此来真实反映大学生应用能力的培养水平。定期组织课程组教师对在建设中的大学英语课程进行观摩教学，不断总结经验，改进教学方法，通过课程建设加强管理，建立起一套完整的教学管理体系。任课教师每人拥有一套科学的教学计划、实施表、教学小结及平时成绩管理等文件夹，使大学英语教学工作走上科学管理的轨道，实现了大学英语教学管理的制度化。进行课题项目分工，课题组成员分担不同的研究工作，组织集体备课、观摩教学，制作出了每学期使用的标准化电子教案及精品课教学演示课件，建立起一套较完整的科学考核和评估大学英语分级测试试题库，该题库能与国家大学英语应用能力测试相衔接。统一了教学目标及测试标准；为开展新型计算机多媒体辅助教学的课程模式，我们从硬件设备上建立了一个供学生自主学习、人机互动的多媒体教学实验中心，为实施现代化教学奠定了基础。

（四）大学英语精品教材建设

在教学过程中，教材是联系教师和学生的中介。教材与教育思想、教学原则、教学方法、学习理论和实践有着直接的关系，是各种教学理论、方法和手段的综合体现。精品教材应着重培养学生的综合运用能力和大学英语实用能力，遵循英语教学的基本规律，吸收国内外先进教学理念，充分体现大学特色，力求提高学生英语素质，突出实际交际能力，强化听、说、读、写综合技能。在编写教材时，本着以学生为本、师生互动、自主学习的指导思想，将教材建设成一体化设计、多媒体有机结合的立体化教材。

第五节　大学英语教学模式的创新

一、"现代型教学"模式

（一）教学观的转变

现代教学观是主张以教师为主导、以学生为主体、以就业为导向，实现培养目标和培养规格，并以现代新技术为支撑的教学观点。采用以网络技术为依托的实验手段，运用计算机、多媒体和远程通信技术，对教学内容、教学组织形式进行彻底变革。利用网络教学、双向教学、远程教学拥有的软件资源，开发学生智力，培养学生自我学习与探索新知识的能力。

教学、科研和应用有机结合。以现代信息技术为依托，以科研促进教学与应用。开拓新知识，增强科研意识，提高师生的实践创新能力。以研究带动应用。现代型教学具有时代的开放性，以现代信息技术为依托，将教学、科研和应用有机结合，以教研促科研，以科研带教研和应用，与传统型教学相比具有如下特点。

1. 教学观念的创新性

在教学思想方面，现代型教学比较注重知识的专题性、前沿性、开拓性，以现代信息技术为依托，重点放在实践教学上，以满足社会需求和培养应用型人才为目标，以创新为目的。

2. 教学内容的互补性和实用性

现代型教学在高校中是将系统教学与专题研究、理论教学与实验教学、研究与应用紧密结合，教学内容的选取以社会需求为目标、以技术应用能力的培养为主线，突出实用性，重在培养学生独立发现问题、解决问题的思维和实际操作能力。

3. 教学方法的直观性和科学性

现代型教学不仅利用传统的挂图、模型、幻灯、投影仪等教具，还有效利用现代科学技术手段，充分利用网络、多媒体，综合了计算机、图形、图像处理、电子技术、影视艺术、音乐、美术、教育学、心理学、教学法等诸多学科与技术，集文字、图形、图像、声音、视频、影像、动画等各种信息于一体，使得抽象、深奥的信息知识简单化、直观化，缩短了客观事物与学生之间的距离，并能充分调动视觉、听觉能力，集中学生的注意力，提高学生掌握知识的能力。

4. 教学模式的职业定向

无论是德国的双元制还是我国的教学模式，或是能力本位的教学模式，现代型的教学都以社会需求为目标，以某一岗位群为目标来组织教学，培养学生的职业能力，因此，具有明确的职业定向性。

5. 教学能力的知识性

现代型教学将基础教学与应用教学、传授知识和研究新课题结合起来，并立足于学科的前沿，以培养适应时代的创新人才。现代型教学要求教师不断更新知识，力求在教学中做到"新、博、独、深、精"。"新"即用新观念、新思想、新方法,讲授新内容,使学生有耳目一新之感;"博",即知识渊博,讲授内容广博,信息量大,使学生广学博收;"独",即用独特的方法,讲授独到的见解,培养学生独立思考、独立研究的能力;"深",即深入讲授、深入探索、深入研究,有意识地培养学生探索和研究问题的意识以及信息调研的能力;"精",即精心准备、精心实施、精讲多练,使学生易学、易记、易用。

总之,我们每位从事高校教育的教师,都必须以提高学生的实际应用能力为目标,认清从传统型教学向现代型教学发展的必然性,从教学观念、教学内容、教学方法、教学模式和教师知识结构等方面深入探究现代型教学及其特点。

(二)现代课程观

教学内容和课程体系的改革应遵循以下基本原则:必须反映当今社会的生产力水平及科技新成果,有利于促进生产力发展;要反映人才培养目标和规格需要;要体现先进文化和科技创新;要精选教学内容,因材施教,以利于学生能力的培养与可持续发展。

课程的设置与内容的选取:以社会需求为目标,以应用能力的培养为主线,设计相应的培养方案、课程与教学内容,基础理论课程以应用为目的,实践教学应占有较大的比例,着重培养学生的应用能力。

(三)教学方法的转变

第一,由传统方式向互动式转变。传统教学把重点放在"什么是什么"的事实类知识的传授上,学生处于被动的地位,并过分依赖于教师的讲授,缺乏对知识结构的深入探讨。互动式教学是以动态问题为主。启发学生主动思考、积极参与,教师的主导作用主要体现在知识的引导与教学的组织上,并将教师的主导思想,转化为学生自主学习的行动,从而获得良好的教学效果。

第二,由封闭式向开放式转变。现代型教学以现代高科技信息技术为依托,将以学校为主的传统封闭式教学转变为开放式教学,通过校园内外的网络开通多媒体教学、空中课堂、网上教学,及时获得新的知识。信息高速公路的实现必将成为最理想的开放式教学手段。

第三,由理论教学向实践教学转变。传统教学着重于理论教学,并强调理论的系统性和完整性;现代型教学则着重于实践教学,使学生拥有充分的时间进行实训以掌握技术要领,尽快地提高学生的实践能力。现代型教学的优点在于采用因材施教的分层次、个性化教学手段。另外,由于近年各大专院校大量扩招,导致在校学生人数众多,大班教学目前还普遍存在。在此情况下,协同学习成为一种很好的弥补方式。通过课堂讨论学习的方式,使学生学会交流、合作、竞争,在此基础上积极创新环境,发现学生个性、分层次、分阶段地实施教学,逐步完成因材施教的个别化教学。

(四)现代型教学的实践模式

在高等教育领域,国际上比较成功的现代型教学实践模式有:德国的双元制教学模式,即企业与学校合作进行职业教育的模式。受训者既是企业的学徒,又是学校的学生,一身二属,故称"双元制"。另一种是北美较为流行的能力本位的教学模式,是将一般知识、技能、素质与具体职位相结合,以整合能力管理为理论基础,以模块为课程结构基本特征。它以"学"为中心,以自主学习方式进行。首先对原有的学习能力进行自我认可,确定能力的学习目标,继而进行自学活动,随即在现场进行尝试性能力操作。

(五)更新教师知识

现代型教学比传统型教学更先进、更多样,其中包括以应用为主的多种形式。要奠定坚实的现代型教学的基础,教师知识的更新是关键。教师要树立继续学习、终身学习的思想。教师不能只满足于现有的知识水平,而应不断学习,更新知识结构,使自己始终处于学科的前沿。教师还必须承担一些具有创新性的研究课题。通过对课题的研究和探索,加深自己的专业知识,力争成为本学科的学术骨干。教师也应当深入生产实践,走产、学、研相结合的道路,在生产实践中获得丰富的经验,力争成为"双师型"教师。

二、大学英语教学模式发展的新趋势

(一)从单一教学模式向多样化教学模式发展

自从近代教育科学的创始人德国教育学家赫尔巴特提出"四段论"教学模式以来,经过其学生的实践和发展,逐渐形成了以教师为中心的传统教学模式,这一模式成为20世纪教学模式的主导。之后,杜威打着反传统的旗号,提出了实用主义教学模式。20世纪50年代,有关教学模式的研究一直在"传统"与"反传统"之间来回摆动。50年代以后,由于新的教学思想层出不穷,再加上新的科学技术革命使教学产生了很大的变化,于是,教学模式出现了"百花齐放、百家争鸣"的繁荣局面。

(二)由归纳型向演绎型教学模式发展

归纳型教学模式重视从经验中进行总结和归纳。它的起点是经验,形成思维的过程是归纳。演绎型教学模式指的是从一种科学理论假设出发,推演出一种教学模式,然后用严密的实验来验证其效用。它的起点是理论假设,形成思维的过程是演绎。归纳型教学模式是来自教学实践的,不免有些不确定性,有些地方还不能自圆其说;而演绎型教学模式有一定的理论基础,形成了较为完备的体系,它更加强调教学模式的科学理论基础。这为我们自觉地以科学理论为指导,主动设计和建构特定的教学模式,以达到预期的教学目的提供了可能。目前,演绎法成为教学模式生成的重要途径。

(三)由以"教"为主向重"学"为主的教学模式发展

传统教学模式都是从教师如何去教这个角度来进行阐述的,忽视了学生如何学这个问题。杜威的"反传统"教学模式,使人们认识到学生应当是学习的主体,由此开始了对以"学"为主的教学模式的研究。随着建构主义等以学生为中心的教学理论的发展,师生在教学过程中的地位和作用发生了巨大的变化。现代教学模式的发展趋势是重视教学活动中学生的主体性,重视学生对教学的参与,教师要根据教学的需要,合理设计"教"与"学"的活动,鼓励和帮助学生实现自主性的、探索性的、创造性的学习。

(四)教学模式的技术手段日益现代化

在当代教学模式的研究中,越来越重视引进现代科学技术的新理论和新成果。新的教学模式非常注重将计算机、多媒体、网络等信息技术运用到教学中,教学设施的科技含量越来越高,充分利用现有的教学条件对教学模式进行了全新的设计。

第六章　新技术引领下的大学英语教学

目前，新一代信息技术的快速发展促进了移动网络技术的推广和智能软件的开发，人们的学习习惯和行为方式正悄然发生变化，利用碎片化时间通过移动网络手段接收各种信息成为一种常态。在这种情况下，如果能有效利用这种移动信息技术拓展大学英语课堂教学，那么将促进学生随时随地进行移动学习，成为大学英语课堂教学的有效补充。

第一节　慕课与大学英语教学

一、慕课的内涵

慕课（Massive Open Online Courses，MOOC），直译为大规模开放在线课程。从慕课的概念分析，其含义如下：

"大规模"是指参与学习的学习者数量众多。课程的注册学习者规模达到数千乃至数万，包括各行各业、各个年龄阶段的人员。如此大规模的教育活动，在此之前是从来没有过的。不仅如此，慕课的"大规模"不仅仅是指学习者的数量庞大，而且还指更多的教师参与到教学之中。

"开放"是指学习是一种开放的教育形式，没有限制。慕课是多年来世界"开放教育资源"（Open Educational Resource，OER）运动的延续，是开放教育潮流的重要组成部分。有了慕课，只要能上网，只要有时间，只要有学习意愿，任何人都可以进行在线学习。

"在线"是指学习资源和信息通过网络共享，学习活动发生在网络环境下。

课程指为了实现学校的培养目标而规定的所有科目（即教学科目）的总和或指学生在教师指导下各种活动的总和。

慕课只有短暂的历史，但是却有一个不短的孕育发展历程，它是长期积淀的结果。准确地说，它可追溯到20世纪60年代。1962年，美国发明家和知识创新者道格拉斯·恩格尔巴特（Douglas Engelbart）提出一项研究计划，号召人们将计算机技术作为一种改革"破碎的教育系统"的手段应用于学习过程之中。之后，类似的努力一直在进行。

2007年是慕课孕育最重要的一年。这一年秋天，美国学者戴维·维利（David Wiley）基于Wiki技术开发了一门开放课程——"开放教育导论"（Introduction to Open Education）。这门3个学分的研究生层次的开放在线课程的突出特点在于来自世界各地的参与者（学习者）为这门课程贡献了大量的材料和内容。换句话说，也就是学习者不只是来学习这门课程的，而是所有人一起在学习的过程中建设这门课程，并在建设的过程中学习这门课程。这样的设计是非常有意思的，也是很科学的。一方面，这门课程的性质决定了教师和学习者必须持开放的态度，并拿出实际的行动；另一方面，戴维·维利所选用的Wiki技术平台为这样的共建共享奠定了良好的基础。

同样在2007年，加拿大里贾纳大学（University of Regina）教育学院的亚历克·克洛斯（Alec Coures）教授开设了一门研究生层次的课程"社会性媒介与开放教育"（Social media & Open Education）。它始终是开放的，既面向以获得学分为目的的学习者，也面向其他任何人。这门开放在线课程的突出特征就在于来自世界各地的特邀专家都参与了课程的教学活动。

2008年，加拿大爱德华王子岛大学的网络传播与创新主任大卫·柯米尔（Dave Cormier）与国家人文教学技术应用研究院高级研究员布莱恩·亚历山大（Bryan Alexander）联合提出慕课概念。同年9月，加拿大学者乔治·西蒙斯（George Siemens）和斯蒂芬·唐斯（Stephen Downes）开设了第一门慕课——"连通主义与关联知识"（Connectivism and Connective Knowledge Online Course，CCKOC），有25名来自曼尼托巴大学的学生（付费）以及2300多名来自世界各地的学生（免费）在线参与了这门课程的学习。这门课程兼容并蓄，既借鉴了维利的开放内容和学习者参与的思想，又吸纳了克洛斯的开放教学和集体智慧的举措。不仅如此，这门课程还支持大规模学习者参与，采纳了连通主义的学习理论和教学法。

在CCKOC课程中，所有的课程内容都可以通过RSS Feed（新闻聚合）订阅，学习者可以用他们自己选择的工具来参与学习：用Moodle（一个开源课程管理系统）参加在线论坛讨论，发表博客文章，在第二人生（Second Life）中学习，以及参加同步在线会议。从那时开始，一大批教育工作者，包括来自玛丽华盛顿大学的吉姆·格鲁姆（Jim Grum）教授以及纽约城市大学约克学院的迈克尔·布兰森·史密斯（Michael Branson Smith）教授，都采用了这种课程结构，并且成功地在各国大学主办了他们自己的慕课。这种慕课类型基于连通主义学习理论，也称为 MOOC，并在随后逐步得到推广。

重要的突破发生在 2011 年秋天，美国斯坦福大学教授塞巴斯蒂安·史朗（Sebastian Sloan）与彼得·诺维格（Peter Norvig）把为研究生开设的"人工智能导论"课程放在了互联网上，吸引了来自 190 多个不同国家的 16 万余名学生，并有两三万人完成了课程学习，从而开启了慕课的新篇章。

二、慕课的特征

（一）慕课在网络环境中体现的特征

国家开放大学的授课教师韩艳辉认为："如果从两个维度上看慕课，那么可能一个维度就是聚焦于规模，另一个维度是聚焦于社区和联系。"这两个维度，前者体现了慕课的大规模特征，后者则侧重于说明慕课的开放性以及由开放而形成的社区联系特征。

1. 大规模性

慕课的大规模特征首先体现在课程的参加人数上。从具体某一门课程的参加人数来看，最初 MITx（edX 前身）开设的"电路与电子学"从 2012 年 5 月到 8 月的 14 周时间里，共有 155 万名学习者注册加入，且最终有超过 7000 名学习者完成课程，获得了课程结业证书；同时很火热的还有斯坦福大学的"人工智能"课，16 万名来自全球 190 多个国家和地区的在线注册人数不可谓不庞大，最终完成学习的人数是 2.3 万人。较之传统课堂只有几十人的学习人数和结业人数，显示出慕课规模之大，受众之广。除了那些造成轰动的已完结课程，现在很多慕课平台的新加入课程的参与人数也动辄成千上万，这是传统课程所无法比拟的。

其次，慕课的"大规模"也体现在慕课平台上有大量可供选择的、几乎涵盖全部学科领域的网络课程上。到 2018 年 1 月，全球最大的网络课程联盟 Coursera 共同上线了涉及 25 个学科的 2700 多门课程，其中比较多的课程涉及人文、经济金融、商业管理、信息技术等领域。侧重基础教育的可汗学院到 2018 年 11 月，在 YouTube 上有超过 7000 个教学影像供人们免费观看，内容也不仅仅是几何、代数、物理、化学、历史等 12 门课程，还涉及医学、金融经济、计算机科学等诸多学科。当然，这些课程的授课语言并非全部都是英语，而是涉及多个语种，其中以中文、法语、西班牙语等授课的课程受到相当一部分学习者的追捧。同时，为了更好地学习不同文化的知识，各个慕课平台都组建有学员们自己的翻译组和字幕组，使得其他不懂外语的学习者的慕课学习不再局限于以自己母语授课的部分课程，学习内容也随之增加了。而且，随着越来越多的学习者的加入，他们的学习意愿和学习过程都以数据的形式被记录了下来，形成慕课学习的大数据。这些大数据可以帮助教师更好地选择和设计有效的课程与教学，促使慕课的学习内容更为多元化，几乎包罗万象。

除了以上两点可以体现慕课的大规模外，慕课各个平台的合作伙伴中各研究机构以及世界级名校的数量，也足以担当"大规模"的名号。到 2018 年 1 月，Coursera 已经有 185 个来自世界各地的高校和机构合作伙伴，edX 的合作机构与高校也已经超过 60 家。清华大学、北京大学、香港大学以及日本京都大学等亚洲高校都在名单之中。而且，随着慕课的不断完善，越来越多的学校加入慕课平台已是大势所趋。

值得一提的还有慕课背后的教师团队以及大量人力和资金的投入。因为慕课不再是三尺讲台上一位教师面对几十个学生的传统模式，它面对的是数以万计的网络自主学习者，它的课程设计与制作，以及课程投放之后的管理与维护等都不是一位教师所能驾驭得了的。因此，一门慕课从开始准备到结课评估，都需要一个完整的教学团队的分工协作、共同努力。以 MITx 的"电子与电路学"课程为例，它的团队一共包括 21 人，其中，负责讲座、作业、实验室和辅导的有 4 位指导教授，同时还有助教、开发人员、实验室助理等协助人员 17 人。制作一门线上使用的慕课课程，较之传统授课，教师团队需要投入更久的准备时间。他们要选择教学素材，设计教学与活动，进行视频拍摄等。在课程进行中，也要不间断地监控学生学习进程，及时给予反馈和答疑。除了人力投入外，各个在线平台的资金投入也是"大规模"的。

2. 开放性

慕课的开放性很好地诠释了"有教无类"的思想。这种开放性其实也体现了慕课自出现时便一直强调的教育公平原则。慕课的开放性，可以说贯穿了慕课学习的全过程。慕课自开始的理念便与教育开放、教育公平相关，从学员免费注册到选择课程资源和学习讨论，以及之后的一系列线上线下的相关活动，都对所有注册者完全开放。

有人说教育的公平首先体现在学习机会的均等，而教育的开放，首先要做到的就是学习机会的开放。在慕课中，学习者无论在什么时间段、什么地区，具有什么样的文化背景，只要处在互联网的环境中，都可以随时注册进入慕课平台，选择自己喜欢或者需要的课程开始学习。这种对学习者的全面开放，是慕课最基本的特征。

从现有的慕课平台数据上来看，注册的学习者来自世界的190多个国家和地区，地域分布相当广泛，虽然几个最大的慕课联盟来自美国，美国的慕课生源却只占总生源数的三分之一。因为一些原因，没有办法从人种学角度统计学习者的民族成分，我们却可以从学习者的注册信息以及话题讨论中了解到他们的性别、年龄、学历和生活经历。从现有数据上来看，学习者的性别比例差距不大，不过男性学习者相对更多一些 20~30 岁具有大学学历或者正在进行大学本科或研究生学习的学习者占大多数，但是也有很多初中、高中就加入慕课学习且取得成绩认证证书的学习者，以及参加工作以后补课充电的各行各业人员。这种多样性还体现在学习者加入慕课的意愿与动机上：有的学习者需要通过相关课程提升自己的专业水平，有的学习者是为了兴趣而学，也有一些学习者只是为了满足自己的好奇心，还有的学习者则是像游戏通关积攒勋章一样，是为证书而学……正是慕课的开放性，吸引了处于不同年龄和社会层级、带有不同学习背景的学习者加入；也因为参加者的不同身份背景，使得慕课的许多学习讨论不局限于课程本身，进而成为一种文化的碰撞与交流。

慕课的进入同样是开放的，准入门槛几乎没有。除了一部分需深入解读的课程需要一定的专业理论知识做铺垫外，大多数课程初学者一进入便可以开始学习。同样的，它的教与学过程以及这一过程中使用的资源和工具也具有极大的开放性。慕课的每一节课都会限定一个大致的时间范围，即一门课的开课时间是固定几周，每一周课程组织者上传一节课的内容和作业，学习者可以在这一周内自主安排时间，随时进行学习。这种时间上的开放极大地方便了学习者对自己的学习时间的规划，而且，学习者的学习环境由学习者自己选择。这里的学习环境既指线上讨论小组或者交流平台的选择，又指现实中学习环境的选择。不同的学习者对同一材料的理解、关注点和疑问会有不同，讨论组的设立给学习者提供了交流答疑的平台。在平台中，所有参与者身份平等，他们提出问题和见解，互相交流讨论，即使是课程发起者也不会给定唯一答案或者固定答案，开放式的交流不会只限定在一个领域、一个角度。学习者可以通过讨论自主构建知识，也可以通过互动分享传播知识，使得知识更加延展、开放。同时，在每个慕课讨论区或者讨论组，都有已经完结课程的相关资源和学习者分享的学习笔记，新加入的学习者或者错过该课程的学员可以二次使用这些资源进行补充学习，有效提高了网络课程资源的利用率。

（二）慕课作为"线上课堂"的特征

慕课是线上教育发展最新变化的主要成果之一。随着网络科技的发展和各种社交媒体的广泛应用，线上教育从最初的单纯提供相关课程材料、分享精品课程发展到利用网络平台开展的、被看作网络中的课堂的慕课，明显可以看出，研发者越来越重视给予学习者完整的教与学的体验。这也使得学习者在网络学习中除了获得优质的学习资源以外，还能得到专业教师以及更多的学习者的交流与反馈，并最终得到课业评价和认证。

一门慕课课程从开始到结束，并没有完全脱离已有的课程结构和教学过程的模式，几乎和线下传统课堂中的一门课程从开始到结束的进程一致。所以，慕课与传统的线下课堂有着天然的联系：慕课植根于传统课堂，教师、学习者、教学内容、教学环境等传统课堂具备的必要因素，慕课也一样具备。同时，慕课是传统课堂的补充形式。

同时，慕课与传统课堂最大的不同在于，它运行的环境是互联网，而不仅仅是封闭的教室。这决定了它要面对的参与者更多，规模更大。这些特点决定了慕课与传统课堂存在多种差异：从最初的设计理念到对课程的设计制作，再到课堂教学以及学习管理、学习者反馈和学习评价，都体现了慕课与传统课堂教学过程的不同之处。

1. 自我学习为主的课程教学理念

一个完整的课程教学设计一般包括四个基本要素：确定教学所要达到的预期目标（目标）、对相应的知识经验的选择（内容）、有效教学的组织（策略）、获得必要的教学反馈（评价）。它是整个教学活动的系统规划与决策，决定了整个教学过程的框架和走向。传统的线下课堂的课程教学设计一般离不开上面提到的四要素，这也决定了传统课程教学的"三大件"——以学时（40分钟到45分钟）为单位的知识讲授、课后作业以及考试缺一不可，这样的基本结构大多以教师为主导，且已经长期稳定。即使在理论范畴内不断出现新的教学思想、理念的更新换代，实际上教学设计与组织、教学基本结构以及课堂活动等仍然基本不变。这样的课程教学设计大多以掌握知识、达到学习目标为前提，强调学习者在教师的引导下先学后练，最终达到知识的巩固。慕课的课程教学设计在包含了完整四要素的前提下，更强调学习者的自主学习。它同样具有和传统线下课堂类似的"三大件"，即课程的讲座视频、嵌入式课程测试与评估以及师生互动和生生交流的论坛小组。因为慕课面对的是规模庞大的学习者群体，传统线下课堂都不能保证照顾到课堂中每一个学习者的学习进度，慕课更没办法做到讲授教师与学习者的"一对一"交流。但是，慕课并不是为了实现师生的"一对一"交流，而是为有志推广优质教育的学者和专家与有心学习却缺乏想要的教育资源的学习者搭建了一个平台，打开了双方交流的通途，引导学习者按自己的步骤学习。所以，在整个学习过程中，学习者的自我管理和自我监督将起到督促其完成学习任务的最主要作用。因此，除了与线下课堂一样要重视课程教学质量问题外，慕课的课程教学设计还必须考虑到大规模的学习者的不同学习背景问题，要最大限度地满足不同背景的学习者的需求，利用优质的学习资源引导学习者实现自我学习。

同样的，在慕课面对庞大的学习群体的同时，学习者也将会面对可以选择、具有不同专业性质的海量慕课课程。这无形中造成同类慕课课程的竞争，而这种竞争在传统的线下课堂中是不存在的，传统课堂的教师只要按照教学大纲与目标在固定的学生群体中完成每堂课即可。所以，对慕课课程教学设计者来说，利用新鲜有趣的内容吸引学习者的注意力，利用教师魅力和课程内容的硬实力留住学习者，进而形成课程的固定"粉丝"，成为一门课程经受考验、生存下去的关键。

2. 短小精确的课程内容选择与组织

传统线下课程以一定的课程标准和反映系统学科内容的教材为蓝本，并配备相应的教师用书与练习册作为辅助。按照不同的授课形式，可以分为以学习各专业领域理论与发展为主的分科课程和以进行实践活动或者实验等为主的活动课程。一般传统的线下课程都是由国家统一编制实行的，具有权威性和强制性。也有部分地区以自己的区域特性为出发点，制作一些地方课程作为主体课程的补充。但是，不管是学科课程或者活动课程，还是国家课程或者地方课程，它们的制作都以知识的逻辑性、系统性和学习者的成长为内在要求。课程内容的选择都以教材为主，教师没有办法改变教材的内容，需要按照教学大纲和教材的要求完成授课。

相较于传统课堂的教师，慕课的设计者与讲授者对课程的内容拥有更大的选择权，他们可以从自己的专业角度出发，将自己擅长领域的内容进行整合，形成具有专业性甚至具有跨学科性质的课程内容。陈肖庚认为，慕课在课程的内容上强调重组。各学科、各专业领域的专家、教师可以将先行编制的多样化的网络课程和教学资源上传到慕课平台。这些设计之初未必相互关联的学习资料可以单独作为学习单元，也可以按照一定的逻辑、意义、目的进行重新整合，聚集成为具有不同学习目标的学习单元集，实现课程资源的再利用。即使课程设计者和讲授者并没有运用已有的网络课程资源，而是选择新的课程内容或者讲授者线下课堂中的内容进行慕课的课程教学设计，也与平时的线下课堂的讲授大相径庭。因为慕课的视频大多只有十多分钟，每次课都是由几个短小的课程视频和相关学习资料作为主要的内容向学习者呈现。这种视频组合的方式打乱了传统线下课堂40~45分钟的授课节奏。因此，它的课程内容的呈现方式必定不同于传统的"满堂灌"式的呈现方式。所以，在课程内容的选择上，课程设计者和讲授者必须挑选更具有普适性，也更简单易懂的内容来制作讲座视频。同样的，课程的制作也要考虑到上述方面，要注重各种教学方法和教学媒体的合理使用，使课程内容的编排在能讲授清楚的同时，增加趣味性和实用性，使更广泛的人群能够接受。

一门高质量的慕课从设计到制作完成需要几个月的时间做准备，具体的实施步骤如下：

（1）编写课程材料，选择课程内容，然后将之切分为约2小时长（相当于一周课程的量）的几部分，再将每一部分切分为10分钟左右的小节，方便后续的课程视频录制。

（2）录制讲座视频并编辑（一般一个讲座视频需要录制几遍，经过编辑之后才能使用）。

（3）按照具体的慕课平台要求按时上传课程资源，主要包括讲座视频和附带的学习阅读资料或者PPT课件。

（4）为讲座视频创建嵌入式测验，一般一节视频嵌入1—2个程序性问题。

课程会在开始前一个月左右进入慕课平台供学习者选择，这期间公开的课程介绍和宣传视频可以帮助学习者了解课程的基本状况以及授课教师，同时，教师要在平台编制课程评价的内容并开始进入管理系统，会话小组、论坛等交流区域也随之开放。

3. 民主平等的师生互动与教学管理

传统线下课堂的师生互动大多发生在课堂上，是课堂中教师行为的一种。教师一般利用一定的课堂教学策略引导这种互动。在以讲授为主要活动的课堂中，进行回答、讨论等课堂互动可以更好地促进学生的课堂学习。在教育学中，教师的课堂行为分为主教行为、助教行为和管理行为三种。

（1）主教行为是教师在课堂上主要的行为，主要包括教师在课堂中的语言、文字、图像、动作等的呈现，阅读、活动、练习等指导行为以及与学生间的问答、讨论、对话等交互行为。师生互动在课堂中占有很重要的地位。

（2）助教行为更多的是为了激发和培养学生的学习动机，从而产生良好的教学效果。比如，进行有效的课堂交流，表达教师对学生的期望以及采用一定的技术手段强化课堂教学效果等。助教行为大多发生在以学生为中心的教学情境中。

（3）管理行为一般表现为课堂规则的制定与实施，同时还包括对学生课堂行为的纠正以及对课堂时间的控制。良好的课堂管理是教学顺利进行的条件。

在慕课中，上述的三种教师行为都有所体现，只不过无论是教师与学生的互动，还是有效的教学管理，都不像传统线下课堂一样同步进行。慕课一般一周会进行一次课程量的放送，教师在课程开始之前就会把做好的课程计划通知给所有想要加入课程的学习者，并规定每节课作业递交的截止时间。在每一节课开始后到下一节新课上传为止的规定时间内，学习者需要自己把握时间完成对讲座视频和学习资料的学习，无论是学习的时间安排，还是地点的选择，学习者都能做到自主参与、自主选择。

课程讨论区是构成慕课教学过程的重要环节，用于师生之间、生生之间探讨课程内容、课后作业以及与课程相关的延展问题。在完成学习资料的学习后，学习者随时都能加入平台的交流讨论区或者组建好的课程学习小组参与讨论。教师也会在固定的时间里浏览讨论区，对一些共同提出的问题进行答疑解惑。因为参与课程的人数是巨大的，所以慕课讨论更多地以生生互动为主。师生间、生生间的交流大部分依靠课程讨论区，因此，讨论区的管理相当重要。

整个师生、生生交互的过程中，教师不是一个人面对学习者，一般慕课课程的完成都是整个教学团队的成果。一般而言，慕课团队的教师会实时关注讨论区的更新，他们也会根据每一周课程的要点内容，发出相应的讨论帖，召集感兴趣的学习者参与讨论，引导他们进行深入思考，进而巩固讲座视频中学习到的知识。同时，他们还会针对讨论区中学习者发帖提出的问题进行答疑归类，对学习者提出的问题，如果其他学生能够给予详尽的解答，应予以肯定；对学生没能详尽解答的问题，教师会定期整合这些问题，并进行专业的回复。

从上面两点可以看出，在慕课的讨论区，学习者可以像在其他交流社区一样自由发言，平等交流，还能灵活运用学到的知识帮助有困惑的学习者解惑答疑。正是这种可以无限扩大的交互作用，使得慕课能够在世界各地的学习者中间传播，它的包容性与开放性在最大程度上促进了知识的传播与扩散。面对如此巨大规模的讨论人群，课程讨论区的管理工作并不轻松，这项工作一般由教师团队主导。他们也会从讨论区的活跃学习者中招聘有能力、有余力的学习者加入管理团队，对讨论区每天的帖子按规定的分类进行删除或整合，以保障讨论环境的健康有序。除了对讨论区的管理，慕课教师团队的管理任务还有对每个注册的学习者发送开课的邮件提醒、作业截止日期提醒等一系列人性化的监督管理服务。

相较于传统线下课堂面对面的教学管理，慕课的教学管理的主动性主要依靠学习者自我管理、自我监督才能顺利完成，这也在一定程度上造成了目前慕课居高不下的退出率的问题。因此，如何使学习者养成良好的自主学习习惯，也是慕课研究者需要深入研究的问题。

除了各司其职的教师团队以及活跃的学习讨论者，慕课课程的互动和管理还需要凭借一定的学习支持服务工具。当然，其中最重要的学习支持就是每个慕课平台都会设置的课程导航系统、作业笔记展示区以及讨论区论坛。除了这些平台自带的技术支持，还有很多帮助学习者发现并筛选课程的评价筛选网站。学习支持网站满足了用户查找适合自己的课程的需要，还支持学习者对课程的评价，如等级评价、意见评述等，为更多的后续学习者做出引导，也加强了学习者的沟通与交流。

4. 同伴互评的评价方式及学分问题

学习者的学习评价是完整教学过程中必不可少的一环，一般要在一定的学习目标的给定标准的指导下，通过运用一定的技术手段与方法，对学习者在整个学习过程中的学习行为和结果进行科学的判定。学习者的学习评价是作为学生评价的一部分存在的，学生评价除了对学习者的学业评价，还包括对学习者的道德情感和综合素质的评价。学习评价可以评断学习者的学习成果和教学的有效性，也对要完成的学习目标具有导向作用。客观来说，通过对学习者学习的评价，教师能够更好地了解学习者的知识掌握程度。

在传统的线下课堂中，学生的学习评价一般根据实施的时间不同而具有不同的作用，并因此分为诊断性评价、形成性评价和终结性评价三种。诊断性评价一般出现在课程开始之前,帮助教师了解不同学生的现有知识掌握程度和优缺点,从而更好地制订教学计划,教师一般会采用摸底测验与查阅过往成绩单相结合的方式进行。形成性评价多发生在课堂上,多以单元为主要模块进行测试,它的主要作用是帮助教师把握学生实时的学习情况,进而提供有效的指导。形成性评价测试也可以使教师发现之前课程教学中存在的问题并及时纠正,一般的测试方式有随堂考试或者单元测试等。终结性评价发生在整个教学计划全部实施完毕之后,是对学习者乃至教师的整个学习过程中学习成果的总体评价。学校每学期的期末考试以及与升学挂钩的中考、高考都可以算作是终结性评价测试的一种。因此,它的概括水平比较高,对测试的准确性、公平性有很高的要求。

慕课学习评价的标准没有传统线下课堂那样严格,这一点尤其体现在终结性评价上。传统课堂的学习评价往往与学生的学分和获得学历相关,具有社会认可度;而慕课的学习评价一般是为了验证学习者是否按标准完成了作业,是否在一门慕课中学到知识而做的。因为慕课课程的设计团队各不相同,它的评价标准也各有不同,这取决于开设课程的教师事先确定的标准。一般授课教师会在开课前以公告的方式告诉学习者获得本课程的结业证书的具体作业要求和评分标准,学习者通过完成规定的课后作业量和测试,合格之后会得到慕课平台颁发的带有自己注册姓名的相应课程的电子结业证书,作为学习者完成课程的认证。

值得一提的是,慕课课程的作业评价也有和传统线下课堂完全不同的方式——同伴互评。关于同伴互评的作业评价方式,很多人质疑它的公平合理性,认为做出课业评价更需要以教师的专业素养为基础,而随机分派到学习者手中进行作业评价,很难保证评价的有效性;同时,与传统课堂中的学生互评不同,慕课的学习者要面对的是数目更为巨大、学习背景各不相同的学习者群体,学习者各自完成作业以及进行评测的动机也不甚相同,且对于教师而言,评测的过程缺乏监控与调解……种种争议一直没有停歇。

布舍尔(Bushee)教授认为同伴互评有一定的使用原则,比如,即使同伴互评的结果往往看起来更可信一些,但它并不能完全取代学习者自评。因此,要把同伴互评与学习者自评结合起来。进行同伴互评前要做好相关标准的确定工作,让参与评价的学习者按照一定的标准进行评价,并最好做一些相关的训练,以提高评价的可信度。同时,一份作业要经过3~5位学习者共同评价，并去除最高最低分等不稳定因素，取平均值。在评分过程中，要把软件测评与同伴互评的结果结合起来，最大限度地保证成绩的合理性和有效性。

布舍尔教授的同伴互评虽然是教师团队人手不足、为解决庞大学习者成绩测评做出的不得已的对策，但对于学习者而言，同伴互评的过程其实也是一种积极的学习经验。在评价其他学习者的作业的同时，了解他们对同一问题的思路与想法，再比照自己的作业思路，并且对他人的作业做出公正判断的判断，正好是检验自己的知识积累并对比反思的过程。

在慕课平台建设中，有一些慕课平台会定期挂出几门可以提供合作院校学分的课程供学习者参加。一般而言，学习者在注册时需要缴纳一定费用，考试结束后能够获得选修课程相对应的院校的学分，这有助于其完成该校学分，获得相应的学历。

目前来看，这项服务中学习者要参加的考试也比普通的只提供结课证书的慕课更为严格。比如，答题过程中参与者要打开摄像头，将自己的身份证件和面部进行对照；考试中心也会运用一定的测量工具，检查考试者的行文习惯是否和之前的数据相同等。这种课程相比于其他数目庞大的普通慕课课程的数量要少一些，但它却是慕课在满足不同学习者个性化、打破高校学分壁垒、加速线上学位授予进程等方面的极大进步。

很多人质疑这种学分授予是否会造成廉价学历泛滥的后果。虽然目前来看，关于高校的线上学分授予乃至学历授予，以及更进一步的学校间的学分互认合作项目的发展还不是很成熟，但是，互联网的存在就是能将过去不敢想的无关事物连接在一起，缔造一个整体的传奇。学习者对更多的优质学习资源以及获得学历认证的潜在需求，势必会推动慕课在学分课程问题上走得更远。

三、慕课背景下的大学英语教学模式

（一）慕课背景下翻转课堂的特点

慕课与翻转课堂都是互联网在教育领域的发展成果——两种不同的教学模式。虽然它们是两种不同形式的教学模式，但却可以融会贯通，互通有无，彼此借鉴和改进，这样可以有效提高教学效果。翻转课堂受慕课影响，可以创新教学模式，从而有效促进师生互动、提高学生学习效率、培养学生自主学习能力等。通过翻转课堂的创新，资源共享得以实现。在慕课背景下的翻转课堂，主要特点有以下几点：

1. 资源共享

在慕课网的首页写着这么一句话:"你有一个苹果分给别人一半,你还有一半;你有一门知识,教会别人,你和别人都拥有一门知识。"这句话充分体现了慕课的资源共享理念。慕课下的翻转课堂的资源共享特点对教师和学生都有作用。对于教师而言,慕课以互联网为载体,收集海量的教学资源,这些资源可以为教师提供充足的备课资料,可以提高教学质量;对于学生而言,慕课有丰富的学习资源,学生在课堂之外,可利用慕课下的翻转课堂点击浏览其他学校的学习资源。慕课最大限度地使教学、学习资源得到共享。慕课俨然成为一本教学与学习的"教科书"。

2. 合理分配时间

在传统的教学模式中,由于受到时间和空间的限制,很多教师在教学过程中都注重对知识的讲解。特别是对那些重点字词、句子、段落、文章主旨等的讲解。这些讲解往往会花费掉整节课的一大半时间,使得对于能拓展学生知识的一些阅读背景、文本赏析以及一些拓展性、发散思维的练习不能及时跟上。而慕课下的翻转课堂则不用受到时间和空间的限制,学生可自由分配时间。即使在课堂上没能掌握一些拓展知识,也可在课下自己调配时间进行学习。

3. 个性化教育

个性化教育是现代教育的主题。不同的学生对于知识的掌握、学习习惯、学习能力等都有所不同。慕课下的翻转课堂可根据不同学生的情况设置不同的学习模式、练习模式等。学生可结合自身情况,选择适合自己的学习模式。学生成为学习的主角,不论是水平高的还是水平低的学生,都可以在翻转课堂里找到适合自己的学习模式,从而控制学习时间,保证学习效率。翻转课堂的个性化教育,符合现代教育的要求,也是未来教育的趋势。

4. 加强学生自主学习意识

传统的教学模式是教师讲授,学生被动接受知识。而慕课与翻转课堂的结合,可打破传统教学模式的限制,还原学生学习主体的地位,加强学生自主学习的意识。通过翻转课堂,一方面学生可自主选择自己感兴趣的学习内容,另一方面可自由规划自己的学习进度和学习方法。学生的学习大部分由自己自主完成。长此以往,学生的自主学习意识和能力就能大大地提高。

(二)基于慕课的翻转课堂在大学英语阅读教学中的应用

应用翻转课堂的教学设计必须要以大学英语阅读教学要求和大纲为前提。教师要根据每个单元的教学内容来设计翻转课堂的教学视频、PPT 等。在教学环节设计中，可根据教学内容设置以下三个模块。

1. 课前输入模块

课前输入模块可以说是直接关系到教学质量的重要模块。在这个模块中，教师需要把教学的内容进行整理、输入。例如，在教学 A Country of Immigrants 这篇文章时，教师可分为背景知识介绍、文本赏析、词汇讲解、课后练习、能力提升五大板块进行设计。教师可在网上收集与阅读材料相关的影视作品、图片、音频等，整理上传，把学生带入到特定的学习情境中。词汇讲解时可自行录制讲解视频或查找其他教师与之相关的视频，再结合自身的讲解一起呈现给学生。课后练习板块则可以利用 PPT，把练习题目与答案详解准备好，让学生在练习后对照自己的答案，根据答案详解找出自己错误的原因并加以改正。能力提升部分，教师可让学生根据所学内容编写对话，或用英语谈谈对 A Country of Immigrants 学习的看法。这样，有了完整的输入板块，可为输出板块奠定基础，做好相应的教学服务。

2. 课中输出板块

课中输出板块包括两大方面的内容，一是对课前布置任务的检查，二是学生的实践情况。针对不同的课前任务，教师的检查方法也可以各异。例如，可采取抽问、讨论、复述、情景对话、补全课文等方式来检查学生的课前任务完成情况。输出板块对学生知识的学习、巩固具有重要的作用。在知识输出时，凡是学生不理解的内容，教师都可及时补充讲解，以加深学生对教学内容的理解。最后，通过学生的实践来检验翻转课堂的教学质量和学生的学习情况。学生实践部分可设置不同的形式，如根据教学内容写独白、情景对话、编写故事或续写故事等。学生通过实际的训练，可了解自身对知识的掌握情况，另一方面可以增强知识的运用能力。

3. 课后反馈板块

课后反馈板块是控制教学质量的重要板块。课后反馈有评价和强化两大部分。首先，学生对自己的课堂表现做出评价，教师也需对学生的表现做出评价。其次，针对课堂学习过程中学生暴露出来的问题进行指导和解决，避免同样的问题再次发生。通过课后评价与强化，逐步提高学生的学习能力，完成教学目标。

（三）慕课背景下大学英语教育优化措施

首先，注重参与性。在慕课背景下，大学英语教育发生了很大的转变，教学质量也得到了有效的提升，不过总的来说，其中依旧存在一些不足之处，需要进一步补充与完善。从本质层面上来说，补充与完善的过程其实就是构建参与性策略的内涵所在。尤其是在"互联网+"教育实践中，如果合理融入慕课，那必定能起到事半功倍的效果，而怎样才能有效融入便是我们必须深思的问题。随着互联网时代的到来，大学英语教学将传统以教师为中心的英语课堂转变为以学生为中心的课堂，教师从之前的知识灌输转变为学生英语学习中的合作者与引导者，学生在教师的合理引导下，自主应用"互联网+"信息环境中的资源进行英语学习。就这一方面来说，慕课参与的内容、方式等都表现出全新的变化。所以我们在慕课的实际应用中，便需要结合具体情况，合理进行慕课资源的构建。而在慕课应用反思中，则需要积极拓展其应用范围。只有这样，才能将慕课的作用更加充分地发挥出来，为大学英语教育发展提供助力。

其次，强化学生英语思维能力的锻炼。要提高学生的英语学习效果并推动高校英语教学的不断发展，就需要强化学生的英语学习思维，激发潜在的英语学习动力，改变以往机械化的英语听说读写训练。高校英语教师在进行慕课平台的教学时，要将英语教学内容和慕课平台的资源内容进行有效整合，在上课之前教师要通过慕课平台发布学生需要思考的问题与注意的事项，在上课时教师可以根据课前布置的思考问题进行提问，并让学生详细说明解决该问题的常规思路与创新思路，然后教师再进行点评和讲述。这样的教与学的过程可以充分调动学生的独立思考意识和主动探究的意识，强化学生对待英语问题的思考能力，锻炼学生的思维拓展能力，提高大学生自主探究解决实际问题的能力，为大学生的英语学习打开新的思路。英语教师综合运用慕课授课平台，可以通过慕课资源中的各种视频课程进行有效提问，组织学生自行分组讨论，分享自己的学习心得和体会，增加学生思考问题的时间，提供学生与学生之间相互交流学习的平台，让学生在互助自学中体会到英语思维之于高校英语学习的重要意义，并逐步培养学生运用思维能力进行英语学习的良好习惯，在真正意义上锻炼与强化学生的思维。

最后，借助慕课教育丰富教学手段。翻转课堂是在慕课教学平台常用的教学手段，其核心诉求是邀请学生作为教学主体，从而使学生更为有效地参与到课堂教学中。例如，英语教师可利用慕课提升学生的预习质量，在这种教学模式下，多数学生将掌握教学重点。在课堂中，教师可轮流邀请学生，对本次课程的关键知识点进行讲解。其中，每位学生仅讲解一项知识点，而台下的学生可对其进行补充。借助这样的教学手段，学生的参与意愿将得到提升,对于英语知识学习的主动性将大大提高。教师可将调整课程进度作为重点工作。

另外,小组教学法,是依据学生的兴趣爱好及学习禀赋,把学生分为若干小组,并通过小组活动,使学生更为有效地参与到课堂教学中。例如,教师可将本次教学的关键知识点展示在课堂视频中,学生通过预习可基本了解相关内容。之后,教师应为学生确定讨论题目,并以小组为单位完成相关讨论。通过这样的设计,学生练习口语的机会将大大增多,教师仅需为各小组点拨关键问题即可。

第二节　互联网与大学英语教学

一、网络环境下的大学英语教学模式

(一)大学英语网络教学模式的构成要素

1. 教学理论

英语网络教学中最主要的理论依据是建构主义理论,建构主义注重以信念、原有经验、心理结构为基础来建构知识。建构主义理论指导下的英语网络教学强调教师是指导和帮助学生学习的引导者和辅助者,不再是知识的灌输者;学生是自身认知结构的构建者,不再是被动的接受者。这些构成了英语网络教学模式赖以形成的思想基础。

2. 教学目标

教学目标是指在英语网络教学中,教学活动所要开展的方向以及预期要达到的效果。教学目标决定了网络教学模式的构建以及发展方向。例如,以提高学生词汇及语法能力为教学目标的课程应选用网络自主学习模式;以提高学生语言应用能力为教学目标的课程应选用网络任务合作模式。

3. 技术环境

技术环境主要包括局域网、互联网、校园网、广域网以及计算机设备等,为英语网络教学提供一定的物质条件。网络教学模式的技术环境主要受到设备自身的性能、信息传输条件等的制约。

4.教学策略

教学策略是指在英语网络教学中所开展的过程与方法的总和。教学策略的选择和使用涉及教学模式的有序运作。教学策略的不同，也会对教学模式的操作产生一定的影响。

5.人机角色关系

人机角色关系中的"人"是指教与学的对象，即教育者和学习者，"机"是指计算机网络设备。英语网络教学中的人机角色关系主要包括两个方面：一是指教师与学生之间的关系，二是指教师、学生与计算机网络设备之间的关系。在英语网络教学模式中，不同的师生关系与计算机网络设备终端形成的相互作用关系相互交融，共同构建了特定的英语网络教学模式。

（二）大学英语网络教学模式的特征

教学模式是在总结教学活动经验的基础上，对教学活动方式的抽象概括。教学模式以及教学活动的结构一般较为稳定，但并不是一成不变的，而是一个不断完善的、开放的动态系统。教学模式是对教学的时间和空间关系的系统概括。在时间上表现为操作的过程和顺序，在空间上表现为多要素的相互作用方式。

网络教学模式在涵盖教学模式普遍特征的基础上，增加了网络信息技术应用的特征。正是由于计算机网络信息技术在教学模式上的应用，使得传统教学模式发生了许多本质上的变化。例如，在传统教学模式中，教师是教学的中心，而教师的教学水平被看作教学效果的直接决定因素。而网络教学模式强调的是课堂教学和自主学习的结合，通过网络技术为学生提供集视频、音频、图画、文字于一体的学习资料，使教学变得更具趣味性，更能激发学生的学习兴趣，同时，将学生的自主学习与教师的教学有机地融合在一起，也促使教师改变传统的教学进程，发挥网络信息技术的优势，最终实现良好的教学效果。我们可以将英语网络教学模式的特征归纳为"个性化""自主学习化"和"超文本化"。具体表述如下：个性化可以从教师和学生两个角度出发，从教师方面来看，网络技术的应用为教师进行个性化的创造性教学提供了技术上的支持；从学生方面来看，网络为学生提供了大量的学习资源，学生可以按照自身的兴趣或具体的学习情况有目的地、自主地安排学习。自主学习化是指学生以计算机网络技术为媒介，自主安排学习计划、制定学习目标、选择学习内容、评估学习成果的学习活动。超文本化，属于计算机用语，在计算机领域是指一种软件系统，用户可以借助该系统实现文件或文本之间的快速移动。英语网络教学中的超文本化是指多媒体、超媒体、网络学习。

（三）大学英语网络教学的主要模式

1. 网络自主学习模式

网络自主学习模式注重个性化教学和自主学习。学生是整个教学的中心，教师只是起到辅助教学的作用。

2. 网络自主探究模式

网络自主探究模式的要素是：学生＋任务＋参考资料＋教师。这一模式一般不是用于教授学生词汇、语法等方面的语言基础知识，而是主要用于培养学生的语言应用能力。

在网络自主探究模式中，教师会给学生布置语言任务，如阅读某一文学作品后写感想，或译某段指定文本，或观看某一英语原版影片后写影评等。教师会提前给学生提供一些必要的指引，如上传一些相应的辅助资料，或是提供一些可参考的图书列表等。在学生完成任务的过程中，教师还会及时地通过邮件、论坛等网络交流工具与学生进行交流，对学生提出的问题予以解答。可以说，学生在模拟完成一个真实的语言任务的过程中，通过教师的不断指导，加之自身不断地改正与探索，最终达到熟练掌握语言技巧的目的。

3. 网络任务合作模式

网络任务合作模式的构成要素是：学习小组＋任务＋参考资料＋教师。这一模式主要是通过学生组建学习小组，利用网络资源，完成教师指定的一般较为复杂的语言任务，从而增强学生的团队合作意识以及提高学生的综合语言运用能力。这里的任务通常是与学生的社会生活或者工作有关的，如策划一次集体活动或者研究大学生就业形势等。

在任务合作模式中，教师的作用比较重要。首先，教师要按照学生的语言及综合能力水平等对学生进行分组，并提供必要的资源索引。在学生完成任务过程中，教师要及时对其出现的问题予以指正，协调小组合作时可能出现的成员矛盾，从整体上把控学生完成任务的进度，并在任务完成后开展评估工作。学生的任务主要是进行小组内部任务分工，定期进行阶段性评估，最后总结发言并提交作品。

在以上整个过程中，学生应尽量使用英语完成。如，使用英语进行沟通，选用英语的参考资料，用英语总结发言，最后提交的作品用英语书写等。这种教学模式是通过构建一个虚拟的任务情境，让学生在完成任务的过程中提高语言综合应用能力，同时也培养学生的团队合作能力。

4.网络综合教学模式

在实际英语网络教学中，单一的教学模式往往不能满足不同教学目标的需要，通常要将上述几种教学模式根据具体情况综合使用，这就是我们所说的综合教学模式。例如，在网上开设大学英语泛读课程，教师要求学生在课前根据某一单元内容制作网络课件并展示。当学生展示完课件后，教师组织学生阅读课文，并进行网上课后的填空、选择、判断等练习。最后，要求学生翻译其中的某段课文或是写一篇读后感想。这样的一堂课涉及自主接受模式、自主探究模式以及集体传递模式。

二、网络环境下大学英语教学模式的优势

（一）有利于提供大量的学习资源

网络可以给学生提供大量的学习资源，并且这些资源的更新速度很快，时效性强，实用价值也相对较高。对于大学英语教学而言，英语教学十分注重学生所学语言的地道、真实、实用。与传统教学相比，网络教学具有非常显著的优势。另外，英语教学非常注重培养学生的语言技能与相关文化知识的积累。由于传统的教科书受版面的限制，内容常常很难满足学生对文化知识积累的需求，网络可以不断地为学生提供全方面的文化知识，从而有效提高学生自身的文化素养。例如，学生在学习语言学时，可以借助网络来扩充与语言学相关的理论知识；学生在学习英美文学时，可以借助网络来了解文学作品的相关背景等。

（二）有利于培养学生的听说能力

网络教学具有开放性和灵活性的特点，学生不需要太多的英语学习材料，只要有一台电脑，就可以随时随地地利用教学资源进行学习。传统的教学资料仅仅是文本与图片的结合，是静态的；而网络教学资料集文本、图片、音频、视频等多种媒体于一体，给学生的学习带来了美妙的视听享受。丰富的语言学习材料、生动有趣的动感信息增添了学习的趣味性。除此之外，英语网络教学还给学生提供了一个线上交流的平台，通过网络，学生可

以和其他英语爱好者一起交流学习。这就是英语网络教学所具有的视听优势。英语学科主要培养学生的听说读写能力，而网络教学所提供的正是视听方面的教材。因此，相比其他学科，英语学科使用网络教学更具优越性，也为学生个性的发展提供了更广阔的空间。

网络英语教学给学生提供了真实的英语交际环境，学生可以通过人机交流不断地锻炼自身的英语交际能力。综上所述，网络教学所提供的视听资源、网络线上交流平台提供的真实的英语交际环境有利于培养和提高学生的听说能力。

（三）有利于提供新的师生交流平台

网络教学能够扩宽师生的课下交流平台。学生可以通过论坛给教师或同学留言，也可以通过发帖的形式提出问题或回答他人的问题；教师可以通过平台的通知板块为学生提供学习建议，提出学习目标或是发布近期作业。此外，在大学英语教学中，教师可以通过网络教学中的电子邮件的方式来加强师生之间的课下交流与沟通。可以说，网络不仅使师生之间的沟通更为方便、快捷，还促进了教师与学生之间的交流。

（四）有利于培养学生的自主学习能力

传统的英语教学主要以教师为中心，采用灌输式教学模式，以教师的讲解为主，学生只是被动地接受教师所传授的知识，学生的参与度很低。长此以往，教师的语言表达技能得到了充分的锻炼，却逐步地削减了学生的自主性以及积极性。

在网络教学中，网络平台的使用解决了这一问题。在网络教学中，学生可以通过操控网络学习平台，不受时间和空间的限制进行自主式的学习，自主选择课程，自主安排学习进度，并通过人机交流的方式进行语言练习，从而实现真正意义上的个性化学习。学生学习语言知识不再仅仅依靠教材和教师，而是通过网络自主学习，在构建自己的知识体系的过程中逐步地提高自身的综合语言运用水平。

第三节　新媒体与大学英语教学

一、新媒体技术给大学英语教学带来的益处

（一）有利于创设良好的英语交际环境

新媒体辅助英语教学为我们提供了克服传统教学弊端的全新的教学方式，使抽象的、枯燥的学习内容转化成形象的、有趣的、可视的、可听的动感内容，成为大学英语教学的发展趋势。这种新教学方式不但增强了学生学习英语的兴趣，而且在学习一些内容比较抽象的课文时，还可以为学生提供直观形象的场景，便于学生理解、记忆，矫正发音错误。大学英语课堂教学的目的，主要是让学生在课堂上多进行交际。交际可以是书面的，亦可以是口头的。优质高效的课堂交际活动可激发学习者的学习动机，让学习者有机会练习整体表达能力，有利于学习者自然习得语言。而要做到这一点，就要求教师营造良好的交际环境。离开情景谈交际活动是不现实的。课堂交际活动将课堂变成了一个"小社会"，这样的语言训练更富有灵活性和挑战性。利用新媒体技术的强大功能，学生们不仅可以和新媒体电脑设置的虚拟人物对话，还能及时修正自身的错误。

（二）有利于拓展学生的思维空间

在利用新媒体技术创设良好的英语交际环境时，通过语言、图像和声音同时作用于学生的多种感官，让他们左右脑并用，产生一种"身临其境"的感觉。在教师的引导下，学生得以进行大容量的仿真交际。在不断交际的过程中，学生直接用英语思维的能力经常得到锻炼，因而能更有效地提高运用英语的能力。新媒体技术可以创设生动逼真的教学场景，从而大大调动学生的学习积极性，激发学生的求知潜能和欲望。学习英语必须了解一些关于英语国家的生活环境以及文化背景。而新媒体技术则可以为学习者创造这样一个环境，让学生了解英语国家人民的生活方式、文化背景以及语言表达习惯等，融身心于英语活动之中，增强学生的学习兴趣并调动学生的观察力和想象力。

（三）有利于大幅度提高课堂教学效率

现代新媒体技术在大学英语教学中丰富了教学内容，更新了教学手段，改变了教学环境。利用计算机本身对文字、图形、动画、声音等信息的处理能力，弥补了传统英语教学模式在直观感、立体感、动态感等方面的不足，也使学习者能更主动、积极、准确地理解语言和它所表达的思想意义。采用新媒体技术可以促进课堂教学模式、训练和测试模式的更新，让个性化教学成为现实。运用新媒体辅助英语教学，可以大大提高英语课堂教学质量，使课堂教学内容更加充实，引导学生主动学习；新媒体辅助英语教学新颖活泼的形式更能激发学生学习英语的兴趣和热情，从而形成一个良性循环的学习过程。新媒体辅助英语教学有利于贮存大量信息，我们更能多创设情境，发挥学生主体作用，营造一种轻松、愉快、和谐的课堂气氛，提高教学的质量和效果。

（四）有助于构筑新型的师生关系

在教学过程中，教师与学生处于平等、友好的地位，教师是课堂活动的设计者和管理者、学生实践活动的鼓励者和合作者、学生问题的分析者和解答者，成为学生学习的引路人。运用新媒体技术的教学活动中，新媒体呈现的教学材料让学生产生一种"身临其境"的感觉。教师可以充分利用新媒体技术提供的知识、情景、会话等学习内容，有效调动学生的学习积极性、主动性和创新精神，构筑他们自己的知识库。学生可以在教师的指导下，根据自身的实际选择适合于自己水平的学习内容以及学习方式来强化自身英语语言知识与技能的学习。

（五）有利于教师自身素质的提高

运用新媒体教学，既为英语教师进一步提高教学质量提供了物质保证，同时又对教师自身的素质及知识的储备提出了挑战。新媒体技术的应用促使英语教师改变传统的"以教师为中心"的教学模式。新媒体技术的应用还促使大学英语教师积极学习、研究新媒体技术对英语教学的各种影响，积极探索、研究新媒体技术，并根据自身和学习对象的实际情况，不断学习、应用新技术，利用新媒体技术开发、研制出更多适应学生学习需要、能提高学生英语语言能力和应用能力的课件。教师应主动适应现代社会的发展，紧跟时代步伐，不断更新教育观念和教学方法，促进学生自主化和个性化的发展。如果教师不会运用新媒体进行英语教学，势必会影响英语教学的效果。在教师的业务进修中，新媒体技术应是一门必修课。

二、新媒体技术促进大学英语教学的变革

（一）进行个性化教学：因材施教

个性化教学以学生的个性差异为依据，运用个性化的教学方法、策略和技术，促使每个学生都能找到个性才能发挥的领域，促进学生个性的发展，突出学生的个性价值，提升学生的整体素质。在新媒体广泛使用的今天，很多学生都运用不同的新媒体进行学习、生活，可以通过独一无二的自我观点将自己感兴趣的内容用图片、文字、视频、网络语言等各种表现手法聚合到一起，充分表达自我，分享自己的感受；教师可以通过新媒体认识到学生在生活中的特点，了解每个人的个性、兴趣、爱好和特长，突破课堂的有限交流，与学生以平等的姿态对话沟通，加深对学生知识掌握程度和学习习惯的直观认识，从而有助于依据学生个性特色因材施教。

（二）扩展教学新时空：移动学习

移动教学系统是利用手机、掌上电脑、平板电脑等新媒体，有机结合移动通信、网络技术与教育，将教师、学生和英语学习资源联合起来的一种新型教学系统。移动学习是利用无线移动通信网络技术以及无线移动通信设备获取教育信息、教育资源和教育服务的一种新型学习形式，强调学习的主动性、开放性，学习形式的多样性，具有明显的个性化、个体化特征。

（三）提升学习主动性：参与式学习

在新媒体传播环境中，以数字技术为基础的新媒体传播模式发生改变，传播者和受众的边界逐渐消解，建立起一种平等的互动关系，受众既可以是信息的接受者，也可以是信息的创造者和传播者，受众的主动性、积极性空前高涨。新媒体环境下传播模式呈现多样化的特点，既可以点对面，也可以点对点、多点对多点进行传播。

参与式学习可以调动学生学习的主动性、积极性，培养学生的创新精神和实践能力。它是新媒体环境下一种新的教学方法，坚持以参与者为中心，充分利用参与者知识经验获

得新知识，师生之间是平等的，既强调学生独立思考，又引导其参与交流。同时，新媒体的隐蔽性、公开性特点，让每一个学生都有平等交流的机会，学生的话语权在数字媒体的支持下延展。教师可设置主题和关键词进行分组讨论，学生们利用微博平台或手机媒体对同一个问题各抒己见，发表看法，各种观点平等地呈现在平台上，交流碰撞，激发更多的思想火花，形成教师主导、学生主体共同建构知识内容的参与式教学。

（四）培养团队合作精神：跨时空协作学习

在新媒体的传播环境中，传统大众媒体与受众之间单向的传播模式转化为双向传播，教师和学生、学生与学生、教师与教师之间通过新媒体传播技术，建立起跨时空的协作学习小组，针对同一个学习主题相互讨论、交流与合作，达到对学习或知识内容更深刻的理解和把握。通过新媒体，协作学习的范围实现了时空突破，而协作的方式更加灵活多样，促进了学生合作精神的培养。

（五）加强学习导航：检索式学习

在新媒体时代，各种各样的信息铺天盖地袭来，面对这些海量、超链接的网络信息，学生往往应接不暇，只能快速地阅读、浏览，无法对问题进行深度思考。检索式学习是通过现代信息查询方式来获取文献、信息和知识，从而提高自己的学习能力和知识储备的学习模式。面对浩瀚的信息海洋，检索式学习方法可以有效利用信息高速公路的便利和海量的资源。首先，应确定目标，不断分析，避免陷入大量无用信息中白白浪费精力；其次，学生应掌握文献检索的各种技巧和方法，在知识检索的过程中不断发现新问题，正确地使用新媒体，使之真正为我所用，而不是受其控制。

（六）应对教育国际化：跨文化教学

要有效地应对教育国际化的趋势，取得预期效果，教师就应具有较好的文化教学能力，对于与本民族文化的差异或冲突的现象、风俗、习惯等具有充分正确的认识，并在此基础上以包容的态度予以尊重与理解。在这样的背景下，教师应积极培养跨文化交流的意识，学习跨文化交流的技巧，了解新媒体的特点与信息传播方式，借助新媒体进行跨文化信息传播。来自各个国家的教师与学生在新媒体平台上以平等的姿态相互学习各自不同的文化，交流彼此的看法，促进不同文化和观点之间的交流与融合，扩大跨文化教学效果的层面。当前，新媒体技术改变了人们接触信息的方式，改变了人们的思维方式和行为习惯，对教师的传统教学模式也产生了很大的影响。在新的教育传播环境中，教师、学生、媒体、教学模式都有了新发展，促进信息时代的教学设计的有效运用，改革人才的培养模式，充分发挥各种媒体特别是新媒体的优势，确定教学目标，设计教学策略，制定学习评价指标，改变以教师为中心、课堂为中心和书本为中心的局面，利用各种媒介形态和技术手段加强自主学习、微型学习、协作学习等主动学习方式，重视参与性学习、个性化学习、协作学习等理念和方法的应用，加强交流，及时评价，有效调动学生的积极性，引发学生积极思考。学校应建立健全保障制度，与时俱进地创新教育理念，助力师生在新的教育传播环境中获得更加优质丰富的教学资源，加大信息技术支持教学应用研究的力度，倡导教师和学生不断探索多元化的英语教学和学习方式，利用信息技术辅助知识建构，推动创新型人才培养模式改革。

三、新媒体技术环境下大学英语教学的发展走向

第一，树立以人为本的新型教育理念。在时代以及素质教育飞速发展的背景下，新课改要求树立以人为本的教育理念，尤其在新媒体技术环境下，更新教育观念是大势所趋。新媒体技术逐渐渗透到各个学科，促进了教学手段的不断完善和更新。为了顺应新环境下大学英语教学的发展要求，我们就要对教育教学理念和手段进行创新，通过推广大学英语教学技术的基本理论、信息化的教学手段、现代化的教学设备以及新媒体教育信息采集技术等途径，不断地完善教学过程和教学环节，为获得事半功倍教学成效做好铺垫。

第二，新媒体技术是一把双刃剑，因此，在运用新媒体技术更新教育理念和教学手段之时，要充分结合教学实际以及学生的个性特征，发扬传统教学模式的优势，结合新媒体技术的作用，让教学成效能够发挥到极致。与此同时，新媒体技术的运用，需要高素质的师资队伍作为保障，这就需要教师必须具有热爱教育事业、热爱学生、爱岗敬业，为教育事业奉献终身的精神，而且还要不断地开拓进取，在顺应大学英语教学要求的前提下，不断地总结实践经验，拓展和夯实自己的理论基础和实际教学技能，包括更新教学手段、完善教学内容、提高自我素质等，为以人为本的教育理念的更新做好铺垫。

第三，创新对学生的培养模式。不管是从时代发展的层面还是新课改的层面，传统意

义上的单调、枯燥的教学培养模式显然已不能满足新时代的要求，只有不断地改革和创新教育教学模式，才能顺应时代发展的潮流。在新媒体环境下，我们要注重从以下几方面去创新对学生的培养模式：首先，学生是信息加工的主体，是意识的主动建构者，因此，要合理运用新媒体技术，尽可能地在最大程度上将学生的主体地位凸显出来，不断地培养学生学习的主动性、积极性和热情；其次，新媒体技术能够创设出生动有趣、逼真多彩的教学情境，教学中可以充分运用这一点，调动学生的感官以及学生参与到课堂教学中的兴趣，在引起学生共鸣的基础上，实现从感性认识到理性认识的升华，让学生不断地开阔视野和扩大知识面；再者，众所周知，生活即教学，应当在新媒体技术的推动下，尝试着将课堂"搬出"教室，诸如通过组织学生参加拓展训练活动、社会调查、市场调研等形式，积极地开辟校外市场，让学生接触到更多的知识，更能把握现代社会的发展节奏，为步入社会打下坚实基础。还有，创新学生的培养模式，意味着教育工作者要能够及时把握时代和素质教育发展的脉搏，要求教育工作者不断地审时度势，加强与各行业的沟通和交流，为教育理念的更新以及教学资源的补充提供更大的活力，在潜移默化中促进自身的成长，做学生的良师益友，改善新媒体技术在教学运用中的单一性。从一定意义上说，新媒体的出现为教育教学提供了重要活力，促进了大学英语教学迈向更高的台阶，但不可忽视的问题是，虽然新媒体技术能够将教学内容更加生动、形象地展示给学生，在一定程度上吸引了学生的注意和关注，但凡事都有两面性，新媒体技术并不是万能的，它只是将其他媒体的优势加以综合，但并不一定能够将其他媒体所具有的优势全部发挥出来。这就要求我们在大学英语教学中，结合教学实际以及学生的学习情况，合理地搭配、设计应用新媒体，尽可能更全面、全方位地将所要教授的内容充分展示在学生面前，让学生在第一时间汲取到知识营养，使得教学成效能够在最大程度上得以发挥。教师还要不断地学习新媒体技术的运用和整合技能，在遵循实际的前提下与其他媒体相结合，改变新媒体技术的单一性，在取其精华、去其糟粕的基础上为教学质量的提高提供助力。

随着时代的发展和社会的进步，我们对人才的需求日益显著，培养高素质的人才成为英语教学的重要目标。要想实现教育现代化，发挥新媒体技术的优势不可或缺，我们在改革和完善大学英语教学的进程中，要合理地权衡新媒体技术的利弊，在英语教学中充分发挥新媒体技术的魅力，新媒体技术在大学英语教学的应用中也会不断地更新、完善，为社会的发展服务。

第七章 文学素养教学模式在大学英语教学领域中应用的优势

第一节 文学素养教学与大学英语学科

一、大学英语教学和文学素养教学模式之间相互关系较为密切

现阶段我国各个高校英语教学中用的教学内容大多是教材，以下是对教材中经常用到的文学常识以及背景知识的分析。

如，教师在课堂上提问怎样理解"Dickens migh have created Charlie Chaplin's childhood."这个句子，如果学生具备一定的文学常识，想要准确理解这个句子的含义较为容易。

狄更斯是英国小说家，一生中的创作数量比较多，是19世纪英国现实主义文学领域代表人物之一，以妙趣横生的幽默和细致入微的心理分析为特点。卓别林于1889年出生在英国伦敦贫民窟中，他的父母是音乐厅的演员，父亲去世比较早，母亲因为遭受打击精神失常，他因此被迫流浪街头。他住过孤儿院，当过马夫、小商小贩。14岁那年，卓别林进入流动剧团，跑遍了英国的每一个角落，19岁成了一名剧团演员，并随团到欧洲以及美国等地演出。1913年来到美国，正式投身电影事业，1914年在影片《威尼斯赛车记》中成功地塑造出一个悲剧小人物"夏尔格"———一个有着独特装束的流浪汉，并因此迅速火爆起来，历经70年热度不减。这两位巨匠在作品风格上有着相似之处，狄更斯是伟大的幽默家，他是文学史上十分伟大的革新家。他描绘了众多中下层社会中的小人物。这在文学作品史中是空前壮举。卓别林是世界著名的喜剧大师，他将为了笑而笑的庸俗"闹剧"提升到了批判现实主义艺术的高度。他用特殊的喜剧艺术表演风格以及辛辣的讽刺性话

语，对资本主义社会当中的罪恶行径进行尖锐地批判。假如说要对上文中提及的英语句子准确地了解，还需要对狄更斯第二部长篇小说《雾都孤儿》有一定了解，这部作品的主人公奥利的经历和卓别林都曾经经历过一段流浪生活，对生活的体验有一定相似之处。

因此，在对这些文学背景有一定了解的基础上，"Dickens might have created Charlie Chaplin's childhood."这句话的含义自然也就十分清楚了；狄更斯或许可以将卓别林的故事创作出来，但是之后卓别林也塑造出了不起的喜剧角色"流浪者"——一个让创作者声名永驻的小人物。

笔者教学的过程中说过这样一句话"Being a teacher is being present at the creation, when the clay begins to breathe."要想了解这句话的大致意思并不难，但是想要了解这句话的真正意思，就较为困难。除了需要依据上下文推测大致意思外，关键问题是需要对"clay"以及"breathe"在这里的含义有一定了解，因此需要用到一些文学知识。"创世纪"中是这样进行描述的：上帝创造了天地，创造了水中、陆地上以及空中各种动植物，并用尘土创造了人，还将空气输送到泥人鼻孔当中，使之成为有灵的活人，名为亚当。但是这个亚当没有配偶，于是，上帝就让亚当进入沉睡状态中，将亚当的一条肋骨取下，造出来了女人，名叫夏娃。假如对这个文学故事有一定了解，想要了解"clay"以及"breathe"在这里的含义，自然不难。很多英语词汇出自文学作品中，比如Utopia（乌托邦、理想国），这个词汇起源于英国政治家、作家托马斯·莫尔创作的Utopia这一著作。这本书是欧洲范围之内第一部影响力较大的社会主义著作。这部著作将当时英国君主统治之下的社会黑暗呈现在人们的眼前，描绘了英国农民较为悲惨的遭遇，也对一些社会现实问题进行了批判，着重对一个名叫Utopia的虚构岛屿进行了描述，这就是一个私有财产废除、施行工作制、计划生产和消费，每个人都可以参与劳动的理想社会。再比方说Mentor指的是良师益友、值得信赖的顾问，出自于古希腊神话。在荷马史诗《奥德赛》中，Mentor是英雄奥德修斯的朋友。奥德修斯出征特洛伊时吩咐他照顾自己的家庭。Mentor抚养教育他的儿子忒勒马科斯，并阻止其他人向奥德修斯的妻子珀涅罗珀求婚。智慧女神为了帮助教育忒勒马科斯曾经幻化为Mentor的样子，还和他同行寻找自己的父亲。法国作家费奈隆写了一部长篇小说《忒勒马科斯历险记》，从而让Mentor这个名字在17—18世纪广为人知。从此之后，Mentor的含义就成了良师益友、值得信赖的顾问以及导师。

如上文中所说的这些例子，在日常学习生活当中到处可见，不管是教师还是学生，都应当变得稍微敏感一些，自觉地去发现，用心去体会，便可在大学英语教学领域当中将文学的作用充分地发挥出来。

在传统型外语教学模式当中，文学占据的比重比较大，有些人会问：阅读莎士比亚、狄更斯这类文学作品对阅读科技文献有什么作用？对大学生以后就业有何作用？20世纪60—70年代，ESP英语教学模式逐渐兴起并迅速演变为一种普遍化的趋势。20世纪70年代后期，文学内容基本上从外语教材中消失了。20世纪80年代之后，人们对文学有了崭新的认识。现阶段人们往往将文学当成掌握一种语言过程中的工具，特别是在将精力放置在文学专业教育领域之后。

站在文学素养教育的角度上分析，学生在学习应用语言工具时，应当处于人文精神熏陶中。反言之，当学生已经可以对语言文字这种工具形成较为深入的认识之后，人文精神教育就可以得到切实的贯彻落实。在一个人应有的各种类型的素质当中，文学素养显得十分重要，文学素养是文化素质的重要构成成分之一。如果大学英语教学中不包含任何形式的文学和文学教学措施的话，外语教学也就演变为单纯的语言机械化训练，语言的工具性也就成了单纯的技术领域中的东西。在语言学习中，一定要对内容和感情有一定了解，以此为基础来对语言形成更为深入的认识。对古今中外优秀文学作品内容的兴趣也是对生活、自然环境和人生的好奇心。这种好奇心是学生构造心灵世界、完善三观的重要措施，与此同时也是大学英语教学领域涉及的一项最重要的内容。

第二节　大学英语教师承担的历史使命

一、大学英语课程工具性和人文性阐释

大学英语课程的工具性一般在两个方面有所体现，第一是听说读写等基础技能的培训和提升，这不单单可以让学生对知识形成深入了解，也可以在学生以往基础上拓展，与此同时还可以让学生英语听力、阅读以及写作能力大幅度提升，以便可以在未来学生开展国际交流、外出旅行以及子女教育活动中提供支持。第二是学术英语或者职业英语等专业性英语的学习，这种学习可以在学生研究生阶段阅读外文文献和开展学科研究工作中发挥促进性作用，或者可以在工作中发挥作用。总而言之，大学英语学习可以让学生的竞争力大

幅度提升，也可以让学生有更多的工作岗位选择空间，从而也就可以为大学生构建更为广阔的发展前景，也可以让学生在经济全球化背景之下展现出更强的适应能力。

大学英语课程的人文性体现在多个领域。大学英语课堂可以让学生的文化及文学素养水平大幅度提升。语言不单单是词汇和语法堆积成的知识，语言蕴含着极为丰富的文化含义。在英语学习中，可以让学生对西方历史文化有一定的了解，在中西文化对比中，感悟中西文化之间的差异性，进而可以让学生在日后国际学习和交流中用一种兼容心态去完成各项任务。除此之外，在英语学习中可以接触到许多优秀的西方文学作品，在阅读这些作品的过程中，可以让学生对社会现实、人生产生更深刻的了解，以便提升人际交往和处事能力。

其次，学生在学习大学英语的过程中，可以让自身的辨识能力及审美能力大幅度提升。英语是一种逻辑性比较强的语言，强调意思上的统一和完整，结构的连贯性和流畅性，呈现出一种层层递进和环环相扣的严谨性。英语学习过程也是思维模式和思维习惯优化的过程，可以让学习者在思考和思维运行时变得更加细致。与此同时，在中西文化差异比较中，可以让人用不同的思维模式看待中西社会中发生的同类事情，在不同类型主题的讨论活动中，让学生发现美的能力大幅度提升，此外，也可以大大提升学生历史使命感。

大学英语课程学习可以让学生的自律能力和自学能力大幅度提升。语言类学科的学习并不是一蹴而就的事情，需要长时间的积累和完善，所以在大学英语学习的过程中考验的实际上是学生自身的意志力以及自控能力。虽然说具备这些能力的人不一定可以将语言类学科学习好，但是将语言类学科学习好的人员一定具备这些能力，具备这些能力的人在完成其他事务的过程中也会展现出来非凡的能力。在语言学习的过程中，除需要教师的指导和帮助外，学生在日常学习及生活中也应当积极、主动的找寻适合自己的学习方法，在学习的过程中逐步培养独立学习思考的能力，这种能力也会在其他学科学习的过程中起到一定的促进性作用。

总而言之，大学英语课程的学习不单单可以为学生未来生活和工作奠定坚实的基础，也可以为学生构建出来更加广阔的发展空间，与此同时，也在学生实现全面发展的过程中提供人文性关怀。虽然大学英语课程本身具备一定的工具性和人文性，但是想要将两种性质有机的融合在一起，却是一件较为困难的事情。

怎样让大学英语课程工具性和人文性有机的相互融合在一起？通过大学英语课程的学习可以让学生的英语水平和文学素养水平大幅度提升，所以也就会对大学英语教学涉及的各个环节提出一些更高的要求，其中包含学校依据自身办学特色和定位来对大学英语课程目标做出的宏观指导、课程设置以及教材使用。

首先是师资力量建设。大学英语教师一般是非师范普通英语专业毕业，主要的研究方向往往是文学或者语言，即便英语知识扎实并且有一定的专业特长，但是在语言教学和教育心理学领域仍然薄弱，因此想要让两个领域中的内容有机的融合，自然较为困难。大学英语教师除了应具备熟练的英语语言技能，也应当逐渐让自身拥有更为丰富的语言学、语言教学以及文学知识。大学英语教师除了自己对大学英语教学的多维使命有深入认识，也要让大学生在学习中认识到语言当中蕴含着的文学素养类知识和美感，从而也就可以将学生的英语学习兴趣激发出来，在课余时间学习英语知教材和课堂组织工作。教材的编制方面，大学英语教材应当展现出一定的文学性和趣味性，教师在开展课堂组织工作中，需要将教材中蕴含着的各种类型的元素挖掘出来，并适当补充一些教材之外的文学资料，使用多样化教学方法，应用多媒体教学工具，实现大学英语教学的多元化目标。比如，在课堂教学领域当中，教师可以依据教学内容特性将文化文学常识、文章结构以及主题思想划分到不同的模块当中，实施教师引导、小组合作以及个人表达等模式开展教学工作。除此之外，教师也应当在课堂教学领域中让学生策略性养成、课外阅读能力和自主学习能力得到一定的提升。

教学评价测试。现阶段我国大学教学阶段对英语语言技能的测试已经发展得较为成熟。但是在综合素养评价工作中，因为会涉及各个领域中的知识，因此在这种评价模式正式施行的过程中会遇到一定的困难。学生的文学素养需要经过长时间的熏陶才可以逐渐形成，学生的文学素养形成和提升属于潜移默化的过程中，难以在实际工作中得到立竿见影的效果。张红玲在《跨文化外语教学》①中将英语教学中涉及的文化内容作为依据，提出在英语文化测试工作进行的过程中应当实施定性分析措施，从在认知、心理和行为的角度上对学生进行综合性评价，评价工作中涉及文化知识、文化意识以及文化行为等。这种评价模式中，怎样将学生批判能力和审美能力融合其中，还有待开展更深层次的研究工作。

---

① 张红玲著.跨文化外语教学[M].上海：上海外语教育出版社，2007.

第三节　大学英语教师传承文化的需要

一、大学英语教学承担着文化传承和创新的使命

大学英语教学是为了培养学生的跨文化交际能力。学生为什么需要在大学教学阶段培养跨文化交际能力，培养这种能力又是为了完成怎样的任务呢？非常明显，跨文化交际能力的培养并不是大学英语教学的最终目的，最终的目的还是文化传承和创新。换一种说法，就是通过大学英语教学，培养出一定数量的跨文化创新型人才，在人才培养措施实施的过程中，提升国际文化文学传播能力和对外话语机制建设力度，构建社会主义文化强国，进一步提升我国的文化软实力。

（一）大学英语教学承担着传播和借鉴英语文化的职责

语言不单单是人与人之间交流的过程中使用到的一种工具而已，也是较为重要的一种文化载体，它在文化当中占据较为重要的地位，将特定民族、特定国家在既定历史时期呈现出来的社会政治经济制度和历史传统呈现在人们的眼前。语言也会受到文化和社会发展的影响，语言和文化是一体两面，想要将一门语言学好的话，一定需要对语言承载起来的文化有一定的了解。在学习一门语言的过程当中，也是对另外一个国家文化知识形成较为深入了解的过程。文化既是一种语言学习过程中实施的措施，也许语言学习的重要目标之一。在学习语言的过程中并不单单是在已经形成的知识体系当中徜徉，也不只是技术层面上的机械化训练，而是经由语言来对语言背后的文化含义形成更深层次的认识。英语是一种世界通用的语言，将英语作为母语的国家和地区的文化知识和英语语言之间的相互关系较为密切，这种关系在传播英语国家文化的过程中呈现出来了较为明显的优势。所以，我国在大学英语教学工作进行的过程中，不单单应当开展英语词汇、英语语言规则这种基础性教学工作，也应承担起传播和借鉴英语文化知识的任务，经由大学英语教学，可以让学生对英美等国家社会和文化实际情况形成一定的了解。比方说文学、语言和历史等领域中的基础性知识，尤其是科学技术领域中的知识，在英语文化学习的过程中，可以让大学生英语语言能力水平得到一定的提升。除此之外，需要通过大学英语教学，来对学生的英语自学能力和鉴别能力进行培养，以便于在日后学习和工作当中，更加熟练的应用英语文化知识。

（二）大学英语教学承担着传承和传播中华文化的重要职责

中国是四大文明古国之一，文化发展历史源远流长，中华文化是中华民族的宝贵财富，也是全人类共享的文明成果。汤因比和池田大作曾经在《展望21世纪》中提出"中国的传统文化，特别是儒家和墨家的仁爱、兼爱是医治现代文明症状的良药"。[①] 古老厚重的中华文化长时间以来都得到了外国人的重视，秦始皇陵的兵马俑、故宫和长城等极为珍贵的物质文化遗产被称为是东方奇迹，得到了世界各个国家人民的认可。我国的中医、绘画以及武术等非物质文化遗产，也受到了世界各国的欢迎和羡慕。作为世界文化的重要组成部分，中华文化应当得到世界各个国家人民的了解，犹如璀璨明珠的中华文化也需要向世界展现出来。每一个中国人，尤其是当代大学生，应当具备一定的文化自觉和文化自信，有责任和义务应用英语这种世界通用语言向外国人展示中国文化，从而让外国人真正见识到中华文化的博大精深，逐渐让中华文化的国际影响力得到提升。所以，大学英语教学承担起培养学生使用英语介绍中华文化的交际能力这一项任务，并且主动承担起传承和传播中华文化的责任来。大学英语教师和学生都应当具备这样一种意识和担当。

（三）大学英语可以在借鉴和传播的过程中逐步实现文化的传承和创新

一个国家的文化既是民族的，也是世界的，一种文化对本民族的人民来说，需要传承和创新，对于世界范围之内的其他民族来说需要学习和借鉴。当被其他民族吸收之后，又被其他民族传承和创新。不管是本民族文化还是外来文化都是在传承和创新当中得到发展和繁荣的，在大学英语教学中，不管是对英语文化的学习借鉴，还是对中华文化的英语表达训练，实际上也是一个文化传承和创新的过程，是一个温故而知新的过程。大学英语教学对英语文化的传播、学习和借鉴有一定的选择性，并不是全部的英语文化都适合放在大学英语课堂教学，一定需要净化，并且将大学英语课程目标和课时安排作为依据，将培养综合素质较高的人才作为目标，在多种多样的英语文化当中进行取舍；除此之外，也应当将本土文化能否认同外来文化作为依据，将中国特色社会主义文化建设和社会主义核心价值观的树立作为依据，逐步添加一定数量的中国元素，逐步将外来文化从"舶来品"向着中国化的方向转变，争取可以做到对外来文化的有效应用，逐步开展使用英语传播中华文

---

① （英）汤因比，（日）池田大作. 展望21世纪 汤因比池田大作对话录[M]. 荀春生，朱继征，陈国梁译. 北京：国际文化出版公司，1999.

化的训练，在应用英语传播中华文化的过程中，既需要将中华文化本身的特征作为依据，也应当注意到英语和汉语之间的差异，此外，还应当考虑到的问题是外国人的思维模式以及语言应用方法，在此基础上对中华文化进行再加工，争取可以让外国人对中华文化形成更为深入的了解，从而也就可以让优秀的中华文化和美丽的中国呈现在外国人的眼前。

二、恢复大学英语教学文化使命的措施

（一）重新构建大学英语教学文化观念

为了大学英语教学文化传承与创新使命恢复，各领域相关人士首先应当重新塑造大学英语教学文化观念。开展大学英语教学目的之一就在于提升跨文化交际能力，这要求英语学习者对英语语言规则及英语词汇形成深入认识，但是并不是拥有良好的英语语言基本功就可以将交际活动妥善完成。实际上，扎实的英语和汉语语言功底以及文化修养是培养跨文化交际能力的重要措施之一。跨文化交际并不是单向的交流，而是一种双向的互动。大学英语教学应当为双向交流提供服务。交流是为了向对方传递有效的信息，了解对方文化是能够传达意图的重要前提条件。与此同时，语言是交际活动中使用到的工具，也是一种双向行为，英语教学不单单为了介绍外来文化，也是需要向世界传播中国的文化和价值观。学好英语不单单是为了吸收和借鉴外国的先进科学技术，更是为了在学习其他国家的文化时与本土文化进行比较，从而发挥外国优秀文化的作用。

（二）大学英语课程中文化内容占比应得到提升

针对现阶段我国大学英语课程文化内容缺失问题，需要课程内容领域。课程内容改革工作中，应当从教学大纲编制、教材撰写作出发，现阶段我国大学英语教学大纲编制工作，将英语交流能力培养放在了较为重要的位置上，但是文化素养培养却没有得到充分的重视，因此，应当制作的是符合使命性需求的英语教学大纲，让学生掌握英语语言技能的同时，也具备一定的英语和汉语文化素养知识。除此之外，在英语教学大纲编制工作中还应当构建双重文化对比规则将外国优秀文化以及中国传统文化内容共同呈现在人们的眼前。现阶段我国从事英语教材编制工作的人员在观念上仍然存在一定的偏差，认为在英语教学领域当中应当学习的就是英语使用国家的文明和文化，不应当涉及任何形式的中国传统文化；

把英语教材当做仅是传播外国文化的一种工具。在这种错误观念的影响之下，大多数课程设计以交际工具为标准，片面的将英语文化知识放置在首要地位上，中国传统文化却被忽视。为了转变这种情况，应当在英语教材中添加英美文化和汉语文化内容，从整体上大学英语课程文化内容。

（三）营造大学英语教学文化氛围

语言本身就是文化的重要构成成分之一，学习语言就是在学习文化，但是我国大学英语教学受到西方实用主义以及功能主义的影响，将英语语言技能学习放置在重要的地位上，忽视了文化性；因此，文化应当转变为大学英语教学中的必要内容之一。应当积极构建气氛浓厚的大学英语文化：第一，改革英语四六级考试机制。明确规定大学英语四六级考试的性质，不将它作为高校教学评价的重要指标，提升考试内容涉及的文化知识的权重。第二，制定适应性强的大学英语教学创新型制度。第三，大学英语教师应当在以往教学模式基础上进行转变，积极改革教学方法，实施多样化文化教学措施，以让学生得到更好的文化体验。此外，也应得到校内宣传栏、论坛以及社交软件，以提升宣传力度。

（四）提升大学英语教师文化素养水平

本身大学英语教师是承担文化传承和创新使命职责的重要人物，教师的文化修养显得尤为重要。大学英语教师文化素养培养工作不只应当在进入工作岗位之前开展，也应当重视大学英语教师在职培训工作。第二，作为一名大学英语教师，除了应当具备高水平的英语文化素养，还应当将汉语文化水平的提升。总而言之，在大学英语师资队伍构建过程中，英语教师应当树立文化传承和创新观念，在实际工作中将提升文化底蕴放在较为重要的地位上。

第八章 文学素养在大学英语教学中应用的解决措施

第一节 文学素养和大学英语教学

随着全球化程度的不断加深，英语作为一种国际通用语言，其重要性越来越明显。英语作为学校的一门主要课程，教师和学生都投入了大量的时间和精力，目的是熟练掌握这门语言，但结果往往差强人意。

究其原因，传统的教学模式对教学质量有很大影响。课堂上，不少教师仍沿用单一的"满堂灌"的形式。即使准备再充分，讲解再细致，也难以释放学生的自主性、主体性，甚至还造成学生对教师和教材过于依赖，让学生失去了主动学习、积极思考的能力。

事实上，传统的英语教学目标的制订也有所偏差。英语学科的教学目的不单是提高学生应用英语语言的能力，还要注重学生的鉴赏英美国家语言文化的能力和跨文化社会能力。因为，英语虽然是一种交际工具，它同时也具备一定的人文性和思想性。随着时代的进步和经济的发展，涉外活动日益频繁，仅仅依靠正确的语法、句型、词汇表达，哪怕是流利的语音语调，也难以做到应付自如。我们还需要了解英美国家的风俗文化、行为习惯、思想观念和价值取向，才能保证交际顺利进行。但目前，许多教师把课堂的重心放在语法分析、词汇讲解上，再补充大量习题用以巩固知识点，甚至推荐一些所谓速记窍门，让学生在死记硬背的道路上越走越远。这样做虽然能掌握大量知识点（或者叫考点），在实际运用中却左支右绌，学生还有可能在这种枯燥的学习中逐渐丧失对英语的兴趣。

众所周知，兴趣是最好的老师。要提高学习英语的成效，必然要培养学生的兴趣。但如何能在英语教学中实现这一点，是让许多教师感到困扰的问题。笔者以为，文学素养恰恰是关键。

文学是语言的艺术,又是艺术的语言。语言和文学是不可能截然分开的。文学作品中的语言是语言的精华。莎士比亚的戏剧、狄更斯的小说、狄金森的诗歌及其他许许多多的优秀作品,是充满文学色彩的语料词库。高雅、通俗、含蓄、明快,不同时代的不同作家,多样的风格正体现了英语表意丰富的特点。学生在阅读时能身临其境,摆脱一味死记硬背的枯燥乏味,从而感受到不同场合不同语言的运用,进一步提高对语言的鉴赏能力,对英语国家的文化和历史能够一布了解。

不仅如此,文学素养可以说是一笔宝贵的人文财富。通过提高学生的文学素养,能够直接或间接地加强其语言和文化修养,对开阔眼界、陶冶性情、培养文化鉴赏力和跨文化能力都有不可忽视的作用。无数优秀的文学作品灿若繁星,学生在其中自由徜徉,这不但可以巩固学生的语言基本功,还能引导他们获得正确的价值取向,升华思想。

在日常教学中,我们可以利用多种途径来提高学生的文学素养。首先,对课本中文学作品的教学,可以要求学生课前通过上网等方式查阅相关作家背景及作品信息资料,以锻炼他们自主学习的能力。教师也不能仅仅满足于将生词和语言点作为教授重心,更要注重把握整篇文章的布局谋篇和逻辑关系,并适当介绍修辞来引起学生兴趣并展现文学之美。同时,也可以利用多媒体教学优势,运用视听法等新型教学方法——欧美原声录音、原音电影,包括唱片等等,这些比起书面资料来显然更加立体、直观,特别是,如今学生对于欧美演艺明星也比较关注,适当引入流行的曲目、电影等可以激发他们的积极性。由一些经典文学作品改编的影视剧、舞台剧弱化了原著中抽象晦涩的一面,学生可通过人物的动作、语言等轻松深入到作品当中,从而有机会细致了解文学作品的内容和思想,感悟到语言的魅力和人生的哲理。除此之外,还要多进行课外阅读扩展,文学作品的题材无疑是多种多样的,它们采用不同的手法,体现不同的语言特点,课本选取的虽然是经典,但在浩瀚的文学之海中毕竟只是沧海一粟。教师应当充分利用课余时间,推荐并安排学生阅读英美文学原著,并与之进行必要的沟通和交流,引导他们对语言文学进行鉴赏,让学生在长期积累中提高自己的文学素养。

总之,要想在英语教学中取得良好的效果,培养学生的文学素养具有不可忽视的重要作用。因此在教学中,要充分利用教材中的文学作品,让学生课前做好信息的搜集整理,在课堂上运用朗读、视听、鉴赏等多种方法,要求学生课后进行大量扩展阅读,用英美文学名著的人文思想、智慧和魅力去吸引学生、征服学生。笔者相信,在文学作品的熏陶下,学生更容易找到英语入门的途径,并在长期的积累中产生兴趣,自觉主动地学习,取得更好的学习效果。

第二节 英语文学应当得到充分的重视

英国文学的发展经历了漫长的历史演变,在演变过程中,文学也受到了各种现实理论和外界力量的侵蚀,受到了历史、政治以及文化的熏陶和影响,发展到今天,也逐渐成熟。随着世界经济贸易的发展,英语文学也受到了广泛关注,在此背景下,开展英语文学教学研究对为社会培养高素质的英语人才具有重要意义。

一、英语文学的内涵分析

所谓英语文学(English literature)主要指的就是用英语写成的文学作品,作品的创作者不一定来自英格兰。英语文学发展历史悠久,具有丰富的内涵和价值。其中最具代表作品包括莎士比亚的戏剧《哈姆雷特》、《李尔王》,乔治·查普曼翻译的《荷马史诗》、詹姆士一世的英皇钦定本《圣经》等,都是英文作品中的佼佼者。

二、在英语教学中贯穿英语文学的重要性分析

(一)培养学生英语学习兴趣

俗话说:兴趣是最好的老师。学生如果对一件事物比较感兴趣,就会积极地投入学习,主动去了解事物、认知事物。因此,高职英语教师在实施英语教学的过程中,就要加强对学生学习兴趣的培养。文学是语言艺术性的表现,具有生动、形象以及凝练的特性,文学可以作为学生学习英语的材料;文学语言有生活化的特征,是来源于生活,又体现生活的一种作品,具有通俗易懂、自然的特征,将文学语言应用于英语教学,有助于学生的理解和吸收,提高学生学习的积极性。人们对于美丽的事物总是充满好奇与好感,向学生展现英语中的美,有助于吸引学生的目光。英语和汉语一样,在语言中也处处有美的存在。在

英语文学作品中，莎士比亚的戏剧、马克·吐温的小说等都是历史上不朽的佳作，在为学生讲解的过程中，向学生揭示其中存在的美，可以让学生全身心地投入到审美意境中，从而提高学生的学习兴趣，让学生深入到英文文学的阅读和研究中，提高学生学习的积极性和主动性，从而提高学生的英文水平。

（二）培养学生的英语思维能力

英语文学包含丰富的文学作品，学生通过对英文文学作品的学习，可以将其中的知识吸收，并将其应用于生活实践。学习英文是一个长期的过程，需要学生不断地努力和学习。但是当前很多高职学生在学习和生活中，接触到英语交际的情况比较少，其学习的知识也就不能用于实践，不能在实践中得到良好的锻炼和成长。因此，学生可以借助阅读和学习英文作品的机会，将自己所学的知识应用于实践，在阅读和翻译的过程中，可以收获到更多知识，提高学生英语思维的能力。

（三）有利于实现跨文化交际

语言是文化的一种表现形式，文化需要用语文来表达出来，语言也承载着不同国家和地区的文化，学习语言的目的不是单纯的学会使用，而且还要了解语言中的文化。高职英语教师在实施英语教学的过程中，对学生采取多种教学方式，可以将英美国家的不同文化介绍给学生，也是学生掌握英语文化的一种有效方式，可以帮助学生更好的进入英语学习中，感受丰富的文化内涵。文学也是一个民族的思想文化精髓，是人类宝贵的精神财富，其中蕴含着一个民族的经济、政治、文化以及风俗习惯等，学生通过对英语的学习，在学会听说读写的基础上，可以更加深入的了解一个国家的文化、思想。当前，随着经济全球化的发展，国家与国家之间的交往也越来越频繁，英语作为一门国际通用语言，更需要对其思想、文化以及风俗习惯等进行了解，避免在交流过程中，出现不必要的误解和冲突。因此，不仅需要培养学生的基本语言能力，还要加强对学生跨文化交际能力的培养。这就需要教师在教学的过程中，利用多种教学形式，通过文学作品鉴赏、光盘以及网络等多种形式，让学生加强对英语文学的学习。

（四）有助于素质和德育教育

加强对英语文学的学习，有利于培养和提高学生的素质和德育教育。文学是语言的艺术表现形式,在英语文学作品中,可以为学生提供生动形象和丰富多彩的语言输入;文学是反应一个民族历史文化发展的轨迹,学生在大量阅读文学作品中,可以对其英语文化有深入的了解和认识。学生通过对文学作品的阅读和欣赏,可以学习英文中的知识,了解一个民族的文化,从而提高学生的素质。同时,在一些经典文学中,包含着一些深刻的人生哲理,学生通过对这些文学作品的阅读,在潜移默化中会受到作品中一些观点的影响,在提高自己语言能力的同时,也可以提升学生个人的思想道德水平。

总之,在英语教学中,教师如果采用英语文学的方式进行教学活动,让学生逐渐形成良好的英语思维能力,感受语言文化和魅力,刺激学生对英语学习的兴趣和求知欲,不仅能够很好的促进学生的语象、心象和情象境界的形成,还能培养学生的跨文化交际能力,不仅使英语教学更加有魅力,同时也使教学效率和质量得到提升。因此,大学英语教师在教学的过程中,要认识到英语文学的重要性,采取有效的教学措施,将其融入英语教学中,提高学生的英语水平。

第三节 丰富文学素养教学内容

一、对文学作品实践多角度的解读教学策略

纵观大学英语教材,我们发现选材注重趣味性、信息性、实用性和时代性,题材广泛,体裁多样,内容丰富,涉及语言、文化、习俗、伦理、信息、科学、社会焦点等方面。波兰哲学家、现象美学家罗曼·英伽登曾说:"文学艺术作品可能以非常多的方式被接受。"[①]壳斯·霍拉勃也认为:"读者决定一切。一部文学作品,并不是一个自身独立、向每一个时代的每一位读者均提供同样观点的客体,它不是一尊纪念碑,形而上地展示其超时代的本质,它更多地像一部管弦乐曲,在其演奏中不断获得读者新的反响,使文本从词的物质形态中解放出来,成为一种当代的存在。"[②]因此,文学作品具有向一切合理解释开放的特征,这种理解和阐释的多元性是与文学作品本身所具有的底蕴的丰厚性与多元性相统一的。

---

① 罗曼·英伽登. 文学的艺术作品 [M]. 埃文斯顿:西北大学出版社,1973.
② 姚斯. 接受美学与接受理论 [M]. 沈阳:辽宁人民出版社,1987.

如《跨国婚姻》(Marriage Across Nations)(New Horizon English, Second Edition, BookII, Unit3)描写了一对美国父母对他们女儿盖尔与一个非美国籍的黑人马克的婚姻的态度，并描述了盖尔与父亲发生的冲突。其中作者对于盖尔父母两人与盖尔的对话描述栩栩如生，使上下两代人性格迥异的人物形象跃然纸上。盖尔母亲先前对马克的欣赏，因为女儿的计划（结婚）而大打折扣，而父亲更是怀疑马克是出于给自己获得合理的美国公民身份而结婚，并且说女儿的跨种族婚姻会给自己脸上抹黑，邻居们会嘲笑他们。女儿盖尔与父母对待婚姻的看法形成了鲜明的对比，她反对父母的种族主义，认为她和马克彼此尊重、理解，并能承受生活中的任何起起伏伏，而其父最终还是建议取消她的跨种族婚姻。在美国不长的历史中，跨种族婚姻在大多数地区曾被视为禁忌。直到1967年6月12日，美国最高法院废除了弗吉尼亚州的一项禁止白人与其他种族通婚的法令。这项裁决同时也推翻了美国其他15个州反对黑白种族通婚的法律。此后，美国跨种族通婚的人数开始增加。21世纪的美国，随着不断高涨的移民潮，来自世界各地不同种族的人大量涌入美国，跨种族通婚和混血儿数量激增，美国社会也变得更加多元化，种族间的隔离正在逐渐减少。尽管跨种族婚姻在美国年轻人中得到了多数支持，但是这种现象并没有被普遍接受，反对的声音仍有一定的市场，对跨种族通婚的夫妇进行辱骂、威胁，甚至焚烧十字架等现象时有发生。在与美国种族主义的长期斗争中，跨种族婚姻仍然处于一个"非常尴尬的境地"。盖尔的父母对待女儿婚姻的态度，反映了黑白种族如何看待异族婚姻，揭示了这个在美国社会长期存在的敏感问题。盖尔的父母想叛逆传统，但面对自己的亲人，他们却又在用自己的方式承载传统文化，可以说他们是对黑人传统文化与现代意识的矛盾统一，是继承传统与适应现代社会的、具有双重性的人物形象。

二、实施研究性学习教学策略

研究性学习不仅是一种全新的学习方式，更是一种先进的教育思想、教学方法。研究性学习强调学生自主参与类似于科学研究的学习活动，获得亲身体验，逐步形成善于质疑、乐于探究和努力求知的积极态度，激发他们探索、创新的欲望。研究性学习所具有的自主性、开放性、探究性等特点有利于在教学过程中培养学生创造性阅读能力和批判素质，是学生提高文学素养的有效途径。而在创造性阅读能力和批判素质的培养过程中，研究性学习特点的体现又是相互联系的。

（一）探究性与自主性

学生文学欣赏能力的培养是学生对课文进行主体创造性阅读，对课文的人物、主题、言语形式等审美因素进行探究，在自由思维的天地里获得不同的见解，从而激发想象力与创造力并最终获得创造性批判素质的过程。大学英语课程正具备这样探究的条件。另一方面，探究性决定了在这一过程中学生不是被动接受而是主动探索，因而又体现了一种自主性。对课文作主体性充分自由的阅读，既为学生形成独创性见解和创造性批判素质提供了先决条件，又符合人的个性化发展规律和个性化教育的要求。

（二）自主性与开放性

研究性学习的探究性与自主性决定了它的开放性。同样，学生独创性的见解和创造性批判素质也是在对课文进行开放性阅读和理解的过程中获得的，反过来学生见解的独创性和批判素质的创造性又决定了它们必然是开放性的。所以，开放性的内涵是与大学英语教学中学生创造性批判素质的培养相一致的。首先是资源与时空的开放，比如讲授新课前教师要摒弃传统的照本宣科地讲授教背景知识的做法，而让学生走出课本与课堂，利用图书馆与网络等最大限度地收集资料；其次是组织形式的开放，在对课文的人物、主题、语言、结构的欣赏过程中可引导学生之间进行讨论，或课后要求学生个体写出个性化的、小的理解评论，人物形象及主题分析小报告或小论文等；最后是研究结果的开放，研究性学习允许不同的学生根据自己的理解和所掌握的资料以各自的思维方式得出不同的结论，而不是追求结论的唯一化和标准化，这正适合学生对课文进行创造性阅读，也利于学生独创性见解与创造性批判素质的形成。比如在《跨国婚姻》中盖尔父母亲对待跨宗族婚姻的一些观点等。对于这些观点该如何理解是教学过程中无法回避的问题。这就要求教师在教学中，除了引导学生从深层上理解作者的真正意图外，还应从意识形态的差异的角度启发学生对这些观点进行开放性的讨论，以形成个性化的理解，而不是对这些观点进行简单否定。

三、实施把握言语形式审美的教学策略

既然文学是语言的艺术，英语教学中学生文学素养的培养就离不开对言语形式的感知体悟。这就要求教师在教学过程中善于利用优美的语言材料启发学生对言语形式所蕴含的艺术美的领悟，进而培养学生的审美能力和审美情趣。

（一）教学过程中侧重培养学生丰富的想象能力和敏锐的感悟能力

文学的本质是审美的[①]，因此在教学过程中教师应以感性为主，以促进学生想象的灵活性和丰富性的提高为己任，而不能听任理性的分析取代感性的领悟。*Weeping for My Smoking Daughter*（New Horizon English，Second Edition，BookⅡ，Unit5）中形象的描绘、选词的准确多样和恰当的修辞手法：明喻"smoked like chimneys"，"his breath was a wheeze"，暗喻"hooked by cigarettes"，拟人"the poor man's friend pneumonia"等的运用形象地描绘了染上了烟瘾的人的生活被毁的画面，给读者留下了难忘的印象，更让人深切领悟到吸烟的害处。

（二）引导学生整体把握课文，学会欣赏文章的结构美

大凡优秀作品都有主题鲜明、层次清晰、结构安排巧妙的特点，大学英语为我们提供了许多这样的范文。如 *Culture Shock*，*Lighten Your Load and Save Your Life* 等。

（三）结构变化

As His Name Is，So Is He!（New Horizon English，Second Edition，BookⅡ，Unit6）讨论了人的名字与人的本性、素质、个性特征等之间的关系。该文没有采用一开篇就直接讨论这个观点是否正确的方式，而是以一位优雅的女性改名并且因为名字的改变而带给她事业的成功与自信这一趣事说起，从而达到了一开始就吸引读者的效果，而后采用例证法、引证法等对人如其名展开论述，这种谋篇布局上的变化避免了平铺直叙造成的结构单调。

（四）首尾对应

Reports on Britain Under the Bombs（New Horizon English，Second Edition，BookⅡ，Unit10）是关于英国在德国轰炸机轮番进攻下为生存而进行的战斗。哥伦比亚广播公司驻欧负责人爱德华·默罗总是以播音"这里是伦敦"传递着一种信心——无论要忍受怎样的苦难，伦敦将巍然屹立的信念。伦敦是摧不垮的。当读者读到"大火熊熊燃烧，房屋倒塌，煤气管道爆裂，街道上升起浓浓黑烟……"等描述遭受重创的伦敦时，人们觉得它似乎快挺不住了，而最后一段描写就消除了人们的顾虑："The Nazi powers were finally defeated by the Alliednations."合理的首尾呼应使文章结构完整严密。

[①] 陈望道著. 文法简论[M]. 上海：上海教育出版社，1997.

第四节 提升英语阅读能力

高校英语教学重在阅读教学，阅读教学的好坏直接关系到高等职业学校英语教学的成败以及是否能实现高校英语教学的最终目标，为此必须重视英语阅读教学，积极着手提高学生英语阅读能力。

一、激发学生阅读兴趣

"兴趣是最好的老师"。兴趣是人们爱好某种活动的倾向。学生对英语越有兴趣，学习积极性就越高，自觉性就越强。因此在教学中要不断激发学生对英语的兴趣。教师应采用各种生动、有趣的教学方式激发学生学习英语的兴趣，如充分利用直观教具和电教手段为学生创设英语学习环境，增加气氛，激发学生的学习兴趣；坚持用英语组织课堂教学，用优美的语音、语调去感染学生，用风趣、幽默的语言去启发学生，选用实用、生动、有趣的例句，使学生在轻松愉快中获得知识；同时尽可能多地为学生创造语言实践的机会，如让学生用英语做值日报告，情景会话，教唱英语歌曲，做游戏，英文短剧表演和组织英语竞赛等。让学生用学过的词语或句型表情达意，充分满足他们的表现及创造的欲望，使他们享受到英语学习的乐趣，从而产生强烈的学习要求和持续饱满的学习热情。另外还可以通过介绍英语背景知识、讲英文笑话和国外趣闻等，激发学生对英语的兴趣，引起学生阅读的愿望，使学生想读、爱读，从而收到阅读课事半功倍的效果。

二、扩大学生词汇量，进行系统的语法训练

决定英语阅读理解能力的因素很多，人们普遍认为，词汇量、文章的背景知识、阅读技巧的运用、母语阅读能力等都与英语阅读理解相关。就非英语专业学生而言，英语阅读理解的好坏主要是看学生的词汇，词汇量越大，理解得越快越好。如果学生的词汇量达不到一定数量，就难以运用分析归纳、推断等能力。因此，要提高学生的英语阅读理解能力，教师应本着促进学生词汇学习由自发向自觉转化的原则，从构词法，一词多义，一词多译等方面来扩大学生英语词汇量，教会学生根据上下文和词根、词缀等猜测词义，为阅读理解扫除障碍。

阅读不是一种孤立的语言技能，它在掌握一定量的词汇的基础上还必须具备一定的语法。高校学生掌握的语法并不全面，因此有必要对他们进行系统的语法训练，特别是加强疑难句的分析与理解。而理解疑难句的关键在于把握句子的主干，掌握各句子成分之间的结构和逻辑关系，最终抓住句子的核心意思。

三、提高学生的语篇分析能力

词汇、语法知识的掌握是英语阅读理解的先决条件，词句理解则是阅读理解的基础。学生的阅读理解的基础提高与否，关键要让学生学会语篇分析技巧。这是因为，它能培养或激发学生的创造性思维，有助于提高学生的语言能力和交际能力。因此，在英语阅读教学中，教师所选用的阅读材料在题材上尽可能涉及日常生活，包括传说、人物、社会、文化、史地、一般科技、政治和经济等；在文章的体裁上，应避免单一化，选用叙述文、描写文、说明文、议论文和应用文等。与此同时，教师必须向学生进行文章体裁特点的详细分析，先结合文章标题和相关背景知识预测文体和主题，接着略读课文，验证预测情况，并通过问答、简述、绘图、列表等方法概括文章主要内容，掌握文章的中心思想。

总之，阅读是一个人的语言知识、背景知识和其他专业知识相互作用的过程，是根据已有的语言材料、文化知识和逻辑推断进行推测和纠正的过程。因此，在教学中，教师只有充分调动学生学习的积极性，不断克服阅读过程中的不良习惯，鼓励学生正确运用阅读方法和技巧，不断加大阅读量，扩大英词汇量，才能真正提高阅读水平。

参考文献

[1] 陈细竹，苏远芸.大学英语教学模式的革新与发展研究[M].长春：吉林人民出版社，2021.06.

[2] 成畅.大学英语教学与课程建设新探索[M].长春：吉林人民出版社，2021.

[3] 高红梅，管艳郡，朱荣萍著.高校英语教学创新性研究[M].长春：吉林人民出版社，2021.

[4] 宫玉娟.大学英语教学模式改革创新研究[M].长春：吉林出版集团股份有限公司，2018.

[5] 郭万群.大学英语多模态课堂教学研究[M].上海：上海交通大学出版社，2015.

[6] 李国金.大学英语教学基础理论及改革探索[M].北京：北京理工大学出版社，2018.

[7] 丽娜.大数据驱动下的大学英语教学革新与探索[M].长春：吉林人民出版社，2021.

[8] 刘亚娜.高校英语教学理论与实践探究[M].长春：吉林人民出版社，2020.

[9] 吕爱娟.高校英语教学改革与实践[M].昆明：云南人民出版社，2019.

[10] 秦初阳，孙金凤，丽娜.跨文化视域下的高校英语教学理论体系重构探索[M].长春：吉林人民出版社，2021.

[11] 邱东林，蔡基刚.大学英语教学探索与展望[M].上海：复旦大学出版社，2007.

[12] 任梅.新时代大学英语教育教学理论与实践研究[M].成都：四川大学出版社，2018.

[13] 束定芳，王蓓蕾.高校英语教学现状与改革方向[M].上海：上海外语教育出版社，2015.

[14] 汤海丽.高校英语信息化教学改革与微课教学模式探究[M].北京：冶金工业出版社，2018.

[15] 汪火焰.跨文化交际与英语语言教学实践与展望[M].武汉：武汉大学出版社，2016.

[16] 王亚非.现代大学英语教学改革的多元视角探索[M].北京：九州出版社，2017.

[17] 魏琴.信息化背景下大学英语教学研究[M].长春：吉林人民出版社，2020.

[18] 魏微.大学英语教学基础理论与实践研究[M].长春：吉林人民出版社，2020.

[19] 严明.大学专门用途英语（ESP）教学理论与实践研究[M].哈尔滨：黑龙江大学

出版社，2009.

[20] 杨杏园，赵爱华，李欢著. 高校英语技能训练研究 [M]. 吉林人民出版社，2021.

[21] 张铭. 当代大学英语教学理论与研究 [M]. 北京：九州出版社，2019.

[22] 张雨晴. 大学英语教学基础理论及改革探索 [M]. 长春：吉林大学出版社，2018.

[23] 周奋著. 大学英语课堂教学研究 [M]. 长春：吉林人民出版社，2020.

[24] 周利君，雷涵彧，向小婷. 英语学习策略与思维训练 [M]. 重庆：重庆大学出版社，2021.

[25] 朱芬，邵静. 基于跨文化交际的大学英语教学模式建构 [M]. 成都：四川大学出版社，2019.

[26] 朱吉梅. 协同创新下的大学英语教学研究与实践 [M]. 杭州：浙江大学出版社，2017.